無意識に届く
コミュニケーション・
ツールを使う

催眠とイメージの心理臨床

松木　繁　著　Matsuki Shigeru

遠見書房

はじめに

　心理臨床に長く携わっていると，当たり前といえば当たり前なのだが，眼前のクライエント（以下，Cl）が語る「語り」には，直面する問題や症状を直接的な言葉を使って端的に表現されていることもあれば，時には，意識的な意図もなしに象徴的な表現でその苦慮感が漠然とした形で表現されることもある。また，その言語表現自体も多義的な表現や心身両義的な表現でなされている場合もあり，Clの複雑な心境が多重に表現されていることに間接的に気づかされることもある。

　そうした時，セラピスト（以下，Th）は，眼前のClの「語り」にじっと耳を傾け（傾聴），さらに，その「語り」の"向こう側にいる"Clの日常的なさまざまな状態や思考，行動に思いを馳せながら，その瞬間，瞬間にClから伝わってくる「語り」やその「語り」から推測されるClの思いを"我が身に落とし込みつつ"体感的に共感し，しばし，その世界に共にいるという作業をする。そうしていると，Thは，Clが自分の問題や症状は「なぜ，今の自分にとって必要なのか」，そして，その必要性を感じつつも，「その問題を解決するために（自分が行うべき）解決のための適切な努力」が何なのかを，Cl自身，実は，"無意識的には"すでによく知っているのだと実感させられることも多い。

　例えば，過敏性腸症候群のある事例でのClの「語り」において，腹痛・下痢等の直接的な症状の訴えに加えてさりげなく表現された「お腹が鳴るのが人に気づかれないかと不安です」という表現や，慢性疼痛を訴える，あるClの「語り」においては，「表面の"ぴりぴりした痛み"」という皮膚感覚的な直接の訴えに加えて，「（この症状が続くので）じっと座っていられない」，「身を固めることもできない」という表現，また，対人恐怖症状を訴えた高校生男子の「（整形手術で）鼻を低くしたい」という表現を聴いていると，眼前にいる彼らが日常の生活の中で自分の抱える問題や症状とどのように向き合ってきたのかが推測できる。過敏性腸症候群の事例では，その症状の背景に社交不安障害に基づく対人不安の緊張感が，単なる直線的な不安ではなく両価的な感情（「お腹が鳴る」⇔「気づかれないか不安」）によって揺れ動かされているのが垣間見えるし，慢性疼痛事例では，その症状の背景に職場での人間関係の問題（「じっと座っていられない」）や結婚（「身を固める」）もままならない現状が推測される。さらには，対人恐怖症状を

訴える Cl の「鼻を低くしたい」という表現からは，有名私立高校に合格して「鼻高々に生きてきた」彼が，学校生活の中で，周囲から「鼻につく」と言われるようなことがあって，「出鼻をくじかれる」ような体験をしたのではないかと推測されて，そこへ思いを馳せていると，「鼻を低くしたい」という彼の思いも，もちろんセラピスト（以下，Th）の言葉として表現はしないものの，「十分に理解できる！」と共感できて Cl に接することができたりする（以上の下線，筆者）。

　私の敬愛する神田橋條治先生は，心理臨床の最も重要な技，傾聴技術は，「語られない言葉への注目」（神田橋，2011）だと言っておられた。つまり，Th は Cl の「語られる言葉に傾聴しつつも，『語られない言葉』にも思いを馳せてみること」の重要性を強調されていたのである。実は，この言葉は，先に刊行した拙著『催眠トランス空間論と心理療法―セラピストの職人技を学ぶ』（松木編，2017）の中で紹介した私の恩師・師匠である故 安本和行先生も，常々，駆け出しのころの私達弟子に向かって全く同様のことを言っておられた。

　そして，安本和行先生は，その技を磨くためには，催眠誘導暗示に対する Cl の反応やそれに伴って生じる催眠現象（例えば，自発的なカタレプシーや自発的除反応）を注意深くつぶさに観察すること，さらには，イメージ療法における Cl のイメージ内容やイメージ体験についても同様に注意深く観察し，それらを Cl との重要なコミュニケーション・ツールとして活用するトレーニングをすることが，他の心理臨床のトレーニング方法に比べはるかに有効だと言っておられた。もちろん，そのための“修行”として，Th 自身が催眠トランス体験やイメージ療法体験を実感的に味わっていることが必須だとして，私達は，日々，相互実習を通して鍛えられたものである。

　いささか懐古的になってしまって恐縮するが，筆者が本書で最も伝えたいことは，催眠とイメージの心理臨床は，Cl の「無意識に届くコミュニケーション・ツール」として，Cl の内面理解が進むだけでなく，Cl の主体的な解決努力，解決のためのリソース（筆者の言葉で換言すると「自己支持の工夫」（松木，2004）となるのだが）をも，Th に提供してくれることを示すことなのである。

　現在，巷では，科学的に実証可能な根拠に基づく（EBM；Evidenced-Based Medicine）心理臨床理論や技法が，客観的で実証的な効果研究が進められる中で確実に定着しつつあるが，一方では，臨床的事実として，事例によってはそれらの症状の背景にある心理社会的要因の複雑さ（多重性，多層性とでも表現すべきか）ゆえに，客観的に統制された技法だけではなかなか太刀打ちできない事例に

も数多く出くわすことがある（松木，2005；Ogiso, K., Matsuki, S., et al., 2015 ほか）。そうした際に，我々は EBM に基づき構成されたパッケージ化技法だけでなく，面接場面におけるクライエント（以下，Cl）の個別性を尊重し，"今ここ"での「語り」に注目して，その心理社会的要因の解明のために，ナラティブ・ベースド（NBM；Narrative-Based Medicine）なアプローチを試みて，EBM と NBM とを相互補完的に使って臨床実践を重ねてきている。

　そうした観点で言うと，今回，本書にて私が提示しようとしているのは，それをさらに発展させて，ある意味では深めて，リソース・ベースド（RBM；Resource-Based Medicine）なアプローチの提案になるのかもしれない。筆者の私見ではあるが，心理臨床の新たなパラダイム構築のためには，EBM と NBM の相互補完的な対応から，RBM も加えたより統合的で融合的な心理臨床理論や技法の構築が急がれているように思えて仕方がない。その意味でも，本書によって心理臨床の新たなパラダイム構築へ向けて一石を投じることができれば幸いである。

　なお，本書は，これまで筆者が書き溜めてきた催眠療法やイメージ療法，さらには，他の心理臨床技法に関する論文を整理して配したものである。事例論文においては，Cl の許可を得たうえで公刊したものに限ってはいるが，事例によっては，事例理解に支障のない範囲で守秘の観点からさらなる修正を加えていることを了解して頂きたい。

文　　献

神田橋條治（2011）技を育む―精神医学の知と技．中山書店．
松木繁（2004）催眠療法における"共感性"に関する一考察．催眠学研究, 47-2; 6-11.
松木繁（2016）臨床実践に基づく発見と臨床催眠の工夫―パッケージ化された技法の限界を臨床適用の工夫でどのように補ってきたか．臨床催眠学, 16(1); 8-13.
松木繁編著（2017）催眠トランス空間論と心理療法―セラピストの職人技を学ぶ．遠見書房．
Ogiso, K., Matsuki, S. et al.（2015）Type 1 diabetes complicated with ncontrollable adult cyclic vomiting syndrome; Case report. Journal of Diabetes & Metabolic Disorders, 10; 14-22.

もくじ

はじめに　3

第1章

催眠中に生じた自発的イメージとコミュニケーション・ツール…… 11

　　Ⅰ　視線恐怖を訴えた不登校事例の催眠イメージの考察から　11
　　Ⅱ　効果的な催眠療法のあり方をめぐって　12
　　Ⅲ　事　　　例　13
　　Ⅳ　催眠療法の治癒機制に関する考察　18

第2章

Cl － Th 間の重要なコミュニケーション・ツールとしての催眠現象　27

［1］催眠誘導への Cl の反応そのものが，Cl の新たな「体験の再処理過程」
　　を導き出していることについて……27
　　Ⅰ　はじめに　27
　　Ⅱ　コミュニケーション・ツールとしての催眠現象の利用1──「慢性疼痛」ケー
　　スでのカタレプシーの利用と「臨床適用暗示」の工夫（症状にまつわる Cl の「語
　　り」と「語られない言葉」への注目）　30
　　Ⅲ　事例をふり返っての簡単なまとめ──臨床催眠研究の新たなパラダイムを
　　求めて　33

［2］事例に基づく催眠誘導の逐語とその解説──コミュニケーション・ツー
　　ルとしての催眠現象利用の実際……34
　　Ⅰ　カタレプシーを利用した催眠誘導による鎮痛と疼痛管理のテクニック　34
　　Ⅱ　コミュニケーション・ツールとしての催眠現象の利用2──社交不安によ
　　る過緊張状態で吃音様症状が出た事例への「臨床適用暗示」の工夫　39

第3章

Th が催眠現象（催眠誘導に対する Cl の反応）を Cl － Th 間のコミュ
ニケーション・ツールとして活用するために必要な"観察とペー
シングのコツ" ……………………………………………………44

　催眠誘導過程における Cl の観察と観察に基づくペーシングの"コツ"　44

第4章

壺イメージ療法におけるコミュニケーション・ツール機能と 体験様式······· 52

Ⅰ　コミュニケーション・ツールとしてのイメージ機能──壺イメージ療法の経験から　52
Ⅱ　体験様式の変化をコミュニケーション・ツールとして活用する意義について──壺イメージ療法の心理臨床への貢献という観点から　55

第5章

無意識に届くコミュニケーション・ツールを効果的に使うために── 『悩み方』の解決に焦点を合わせることの意義 ·············· 63

［1］『悩み』の解決と『悩み方』の解決──『悩み方』の解決に焦点を合わせた2つの事例とその考察…63
Ⅰ　より効果的な援助の方法をめぐって　63
Ⅱ　『悩み方』の変換に焦点を合わせた治療的介入の試み　64
［2］2つの事例…65
事例1：30歳代女性，X年○月○日来談　65
事例2：5歳女児と母親，X年○月○日来談　70
考　　察　73

第6章

日本語臨床における無意識に届くコミュニケーション・ツールの使い方──日本語表現の多義性・心身両義性の活用················ 81

Ⅰ　はじめに　82
Ⅱ　事例（17歳，高校生男子，X年○月○日来談）　84
Ⅲ　考　　察　91

附録

松木メソッド・マニュアル Part 1── 効果的な臨床催眠を行うための手引書1 ················ 99

［1］はじめに…101
Ⅰ　本手引書の位置づけ──効果的な臨床催眠を行うために　101
Ⅱ　“松木メソッド”（「催眠トランス空間論」）を支える臨床観・人間観・自然観　102
［2］松木メソッド・マニュアル Part 1…103
Ⅰ　はじめに　103

Ⅱ　導入準備　104

Ⅲ　催眠導入段階　109

Ⅳ　催眠誘導段階　114

Ⅴ　催眠深化段階　118

Ⅵ　臨床適用段階　120

Ⅶ　覚醒段階　124

Ⅷ　最後に　125

おわりに　127

さくいん　131

無意識に届くコミュニケーション・ツールを使う——催眠とイメージの心理臨床

第1章

催眠中に生じた自発的イメージと
コミュニケーション・ツール

I　視線恐怖を訴えた不登校事例の催眠イメージの考察から

　まずは，催眠中に生じた自発的イメージが，Cl － Th 間のコミュニケーション・ツールとして機能し，Th が Cl の心的状態を把握するのに非常に役立った事例を紹介することにする。この事例は，最初のイメージ体験後も催眠中に自発的なイメージ体験が続き，その内に Cl の心的外傷体験を連想させる内容を象徴的に含むイメージ体験へと展開した。そして，最終的には，Cl が催眠中に表現するイメージ体験に Th がヒントを得て臨床的に活用することで，Cl の外傷体験によるトラウマ処理が自然に行われ終結に至ったという事例である。

　なお，論文の展開上，考察のほとんどは，催眠療法における治癒機制に関するものが中心ではあるが，その中で示されたイメージ内容とイメージ体験とが Cl － Th 間の重要なコミュニケーション・ツールとして機能したものであり，その観点からの考察を筆者が加筆したものである。

　まず，催眠療法に関する治癒機制に関する考察から進めていくことにする。この点については，すでに，拙著（松木編，2017）で，かなり詳しく述べているので，是非，参照されたい。

　その中で，筆者は，臨床的に有効な催眠現象やイメージ体験が得られるためには，催眠状態下での Cl － Th 間の関係性や相互作用が尊重される中で両者の " 共感性 " が高まり，その結果，

　①催眠状態が Cl の問題解決にとって暴露的な空間としてではなく，共感的な関係性の中で " 守られた空間 " として機能すること。
　②同時に，そうした共感的な関係性は催眠状態という特殊な心的状態の中でこ

そ，他の心理療法技法に比していっそう得られやすいものであること。

③その条件下で高められた Cl の主体的な活動性が自己効力感を高め，自己のあり方の変化の可能性を開き，Cl の自己治癒力を高めること。

ということを強調した。

　そうした意味では，本事例は，催眠状態そのものや催眠状態下で自発的に得られたイメージ体験が Cl － Th 間の有効なコミュニケーション・ツールとして機能していたことを強く実感させてくれた事例である。

　繰り返しになるが，本事例でのイメージ内容の展開は，催眠療法の経過が進むに従って，その内容やイメージ体験が段階的に変化し，最初の段階は，Cl 自身の心的状態を象徴的に示すものから，徐々に Cl が経験したであろう外傷的な事実を想起させる内容へと展開し，最後は，催眠状態下で生じたイメージ体験が，Cl の問題解決のための道筋を Th に伝えてくれるものとなり，結果，両者の協働作業のような形で効果的な催眠療法が行えたという事例である。

　まさに，Cl － Th 間の共感的な関係性に基づく共有空間としての「催眠トランス空間」が治療の場として機能した結果，「無意識に届くコミュニケーション・ツール」としてイメージが自発的に出現した事例と考えられるのである。

　以下に，催眠トランス空間が構築されていく時期から段階的に催眠療法の場が整い，それに伴って，Cl のイメージ体験が推移していく様子を中心に論を進めていくことにする。

II　効果的な催眠療法のあり方をめぐって

　臨床の現場において効果的な催眠療法のあり方を考えるとき，我々臨床家が最も考えることは，問題解決のために必要とされる治療の場としての催眠状態をいかに効率的に作り出し，その状態下で Cl が示す問題解決のためのサインをいかに手際良く見出すかである。そして，また，治療の場としての催眠状態の中で Cl が行う問題解決のための「適切な努力」（増井，1987）に対して，いかに我々が援助できるかを考えることである。こうした臨床上の必要性を満たす条件の検討を通して催眠療法のあり方を考えることは，結果として催眠療法の独自の治癒機制を考えるうえでも重要な意味を持つものと考えられる。

　これまで催眠療法の治癒機制に関しては，わが国でも幾度となく議論され（齋藤，1991；成瀬，1993；高石，1996 ほか），また，それらの考えを体系的にま

とめる努力も行われてきた（成瀬ほか，1992）が，それらの議論は実証的な研究に重きを置いていたためか，催眠状態での状態的特性（例えば，生理学的，心理学的変化など）が治療に果たす役割やCl の側の体験様式の変化について述べられていることが多く，Cl － Th 間の関係性や相互作用などの関係的特性（例えば，Cl － Th 間の共感的な関係性やコミュニケーション的側面など）による視点からの議論や具体的な事例報告はわが国では未だ数少ない（例えば，高石，1988，1997ほか；長谷川，1997；八巻，2000；吉川，2001）。

　しかし，効果的な催眠療法のケースの実際を振り返って検討してみると，治療の場としての催眠状態を作り出す催眠誘導過程においても，また，そうした状態そのものの中においてもCl － Th 間の共感的な関係性や相互作用のあり方が重要な役割を果たしていることに気づかされる。

　本稿ではこのような臨床上の事実を踏まえたうえで，催眠療法を効果的に行うための必要な条件について，Cl － Th 間の共感的な関係性や相互作用のあり方という観点から検討を加えてみたい。また，そうした条件下で得られた治療の場としての催眠状態の持つ特性についても触れてみたい。

　なお，本稿で提示する事例は催眠療法による治療を専門医から依頼された事例である。

Ⅲ　事　　例

1）事例の概要

　事例は，男子高校生。X年○月○日来談。

　主訴は視線恐怖およびそのことが原因での不登校。前年の7月頃から人の視線が気になり始め，授業中などは手で眼の辺りを覆うようにして黒板を写したりしていたが2学期に入って症状が悪化し，授業中はうつ伏せにしていることが多くなり不登校状態も目立ち始めた。当初，近所の医院（精神科）で受診し投薬を受けたが副作用が強く出たため怖くなり，担任教師の勧めで総合病院の心療内科で再受診。心療内科医の診断は先の精神科医のものとは異なり思春期特有の対人恐怖状態としたが，視線が気になり始めたきっかけに軽い心的外傷体験の疑いがあるという理由で催眠療法を勧め，筆者の元への来談となった。視線恐怖の状態がひどいので心療内科医の勧めで3学期は休学することにしたが，進級できるか不確かだったため，転校のことも含めて進路を考え直そうとしていた。

2）事例の経過

〈事例の経過中，コミュニケーション・ツールとして Cl の内面理解に役立った
イメージ体験には実線での<u>下線</u>を，そして，その際の Cl の内的状態を推測させる
表現には波線を，さらにはコミュニケーション・ツールとしての機能を考えるの
に重要と考えられる部分には<u>二重線</u>の下線を付した〉

第1期（#1〜#13）

#1での面接室での Cl の様子は，Th の正面には座れず斜め横に座り，終始う
つむいたまま話すことが目立った。Cl が視線恐怖という症状に対して抱いていた
「困りの実感」（松木, 1991）は《僕の視線が向くと人の視線が僕に向って入って
くる……もう，人の目の無いところへ行きたい》，《何も考えたくない》，という
自己視線恐怖（笠原, 1972）特有の訴えも目立った。「自己主張と周囲との調和,
共存との強い葛藤」（成田, 1988）がそうさせるのか焦燥感が強く，とにかく催
眠を使って早く治してほしいと訴えるなど，症状に圧倒されて解決の努力が全く
できない状態であり，また，解決ができないことへこだわり続けるという強迫的
な側面も目立った。

Cl のこうした様子から，催眠療法を受けようとする心的構えにも同様の反応が
出ることが予測されたため，より効果的な催眠療法を行うには，Cl の催眠への
「関わり方」（松木, 1991）の変化が必須と考えられた。

そのために，まず，催眠療法に対する過剰な期待は逆に症状に対して対決的な
心的構えを作ってしまい効果的ではないこと，しかし，催眠状態にうまく入って
いくことができれば症状に対する解決の道が必ず開けてくること，そのための努
力を2人の協働作業として位置付けて行うことなどを話した。また，催眠誘導に
関しても Cl の催眠への「関わり方」に常に注意を向けさせながら誘導をしていく
という工夫を行った。例えば，「腕の開閉」暗示に対する運動反応に対して Cl が
《先生の言葉で腕が動かされている感じ》，《催眠にかけられている感じ》というの
に対し，逐一，Th が "その動かされている感じに気持ちを向けながら，それを眺
めるようにして腕が動いていく感じにだけ注意を向けてごらん" などとトランス
を確認させながら誘導していくのである。

このような方法で Cl － Th 間の関係性や相互作用を活用した催眠誘導を続けて
いくことにより，#2，#3と次第に《先生の言葉を少し意識はしているけど何
だか，腕が勝手に動く感じ》，《腕が自然に動き始めた》，《催眠に自然にかかって
いく感じ》などと Cl の催眠への「関わり方」に徐々に変化が見られ，非常に早い

第1章　催眠中に生じた自発的イメージとコミュニケーション・ツール

段階で意識の分離が促進される様子が見られた。それに従いカタレプシーや感覚麻痺などが自然に現れ始め，より深いトランスが得られるようになった。

　一方，こうした催眠誘導の工夫をし続けていた Th 側の心的な構えにも回数を重ねるにつれて，変化が生じ始めていた。＃1では Cl の切迫感，焦燥感に対して，即効性を狙うためか "何とか早く催眠にかける" 気持ちが強く出てしまい威光的な印象の強い催眠誘導となっていたが，介入の工夫を行う中で Cl の心的構えの変化に対応して，次第に "催眠をかけている感じ" から，催眠に自然にかかっていこうとする Cl の主体的な努力に "まかせていく感じ"，さらには＃6などではそうした Cl の主体的な努力を "尊重する感じ" へとその構えに変化が生じていた。

　こうした催眠誘導を繰り返し深いトランス誘導が可能になるにつれ，Cl にとって催眠状態は「安心，安全の場」，「守られた空間」として機能し始めた。それを象徴するように，＃3では，催眠中に<u>自発的なイメージ（『多くの子犬が右側から左側へ向けて走り，餌をもらっておいしそうに食べている』）</u>が出現した。<u>《まるで自分が餌をもらって食べていたようだった》</u>と Cl は言い，次第に活力を取り戻しつつある自分の様子を Th にも伝えた。

　また，＃6でも<u>自発的なイメージ（『自分が宇宙にいて気持良く漂いながら地球を見ている。地球はとても綺麗だった』）</u>が出現した。このイメージを通して，自分や自分の環境を少し客体化して見ることができつつある Cl を Th は感じることができた。Cl の方はこのイメージに対して<u>《自分がとても安心できてきた感じがしたことが嬉しい》</u>と言っている。

　しかし，＃13では，覚醒後に<u>《体が熱い》</u>，<u>《カッカする》</u>，<u>《頭に血がのぼる感じ》</u>を訴え，何か自分の中でもやもやした感じが強く出かかってきているのを訴えた。そのことについて言語的なレベルで話し合うことを Th から提案したが，しばらくしたら大丈夫になったからとこの時は何も話さなかった。復学を決定した頃のことである。

　＃1〜＃13までの間の Cl の具体的な症状や状態の変化は，＃3頃からは外出も可能となりジョギングなどを行うなど積極的な姿勢が見られるようになった。また，視線恐怖の症状は残しつつも症状に圧倒されることがなくなり，視線を気にしながらも電車に乗って外出することが可能になってきた。進路に関しても前向きに考えられるようになり，＃13では復学を決意して元のクラスへ戻ることを決めた。

第2期（＃14〜＃27）

＃14 の頃に復学し，不登校状態もなく登校できていたが，視線恐怖の状態は幾分か改善されたとはいえ相変わらず続いていた。また，家庭では両親の不和による不安定な状況が発生したためか Cl 自身も不安定な精神状態であった。

この間の催眠療法中の Cl − Th 間の様子だが，＃14 の頃には催眠状態にもかなり早く入るようになった。その様子は Th から見ると能動的，主体的に催眠に関わっているように見えたが，Cl はそうした言語表現はせず，《（催眠状態の中で）自分が自分でない感じなのに自分の思いがはっきりとしている》，《何かわからないけど，自分が（催眠で）何か変われそうな感じ》などと主体性の回復や自己効力感の高まり，さらには自己のあり方の変化の可能性を示唆するような表現をしていた。それに応ずるように Th 自身も軽いトランス状態に入っていたのか，催眠状態での Cl への言葉かけの一つひとつが“自分で発しているような，そうでないような感じ”を味わいつつ Cl の反応に対して軽い催眠状態の中で共感的に対応していたように思われた。その結果，Cl − Th 間の共感的な関係性や相互作用を通して，相互的な自我支持の状態が作り出された。

その状態に支えられて，＃15 では視線恐怖の症状に関するイメージが催眠中に出現した。それは，Cl がこれまで持ち続けていた視線恐怖に伴う強い葛藤や，その背景に存在するだろうと推測される“甘え”と“攻撃”といった，Cl の内面での強い両価性が象徴的に表現されたものであり，同時に，それはその両価性を Cl が内面に抱え続け，問題解決へ向けての見通しを見出していくのを象徴するイメージでもあった。その内容は，大体，以下のようなものである。

『トイストーリーの一場面。一人の男の子のところへ新しいオモチャが来て，古いオモチャとが対立した。しかし，次第にわかりあって最後は理解し合えた』『夫婦の間になかなか子どもができなくて，どんな子どもでも良いから授けてほしいと願ったら，ハリネズミの肌をした子どもができた…（中略）…しかし最後は呪いもとけて普通の人間の子どもになった』というストーリーを話した。

このイメージを語ったことを契機に，Cl は自分の肌や頭髪の特徴に関してクラスの女生徒達からの執拗なからかいやふざけといったいじめが長期間続き，それに対して全く対処ができなかったこと，回避的な行動を続けている内に《自己主張したい気持ち》と《そんなことを気にしたくない気持ち》との強い葛藤が生じ，それに伴って《そんな気持ちが（周りの人に）知られてしまうのではないか》という不安感が強くなり視線が気になり始めたことなど症状にまつわる感情を訴えた。

第1章　催眠中に生じた自発的イメージとコミュニケーション・ツール　　　　　　　　　　　17

　こうした Cl の症状にまつわる「困りの実感」に添う形で，＃16〜＃19の間
は，上記の2つのストーリーを1つの比喩として使い催眠状態の中で，両価的な
感情から起こる不安に対して，例えば，"2つの対立する感情があっても，この
ストーリーのようにいずれ統合されてひとつのものになっていくのだね" という
自我支持的な対応を行った。一方，『ハリネズミ』のストーリーに関しては心的外
傷体験との関連が連想されたため，催眠中に共感しつつも，一方では自我強化を
行った。こうした結果，＃19の後には，Cl 自身にも問題解決のための見通しが
立ち，《もうこれからは症状に関するイメージが催眠中に出てきても自分で対処で
きるかもしれない》と言い始めてきた。
　それを受けるように＃20では催眠中に学校での教室の様子が思い起こされ，同
時に視線恐怖を誘発する契機となったと推測される心的外傷場面が思い起こされ
てきたため，その場面を活用して心的外傷に伴う不安への脱感作を行うことにし
た。
　具体的には，催眠中に《自分の視線が回りの人に向っているので，その人達の視
線が一斉に自分に向ってきている》，《向って行く視線と向って来る視線とで目が
チカチカする》，《そわそわしてじっとしていられない》etc. と訴えたため，Th は
"向って行く視線と向って来る視線とが対立するのでなく，次第に分かり合って
互いに理解し合えていくのだよね" と間接的に暗示し，同時に解決へ向けて，"呪
いを解くように，行き交う視線を（イメージで）左に右にと追いかけてごらん"
と眼球運動を繰り返すように促した。その結果，Cl は《2つの情景の間に膜（カ
ーテン）のようなものが張って，向こうのことと，こっちのことという感じにな
った》，《自分の視線は向っているけど，回りの人達はそれぞれ自分達の見たい方
向を見ている》，《チカチカしなくて，もういいかなって感じ》などと劇的な変化
を言った。この時の体験は本人にとっても驚きで覚醒後もはっきりと感じを覚え
ていて喜んでいた。この方法は結果として左右に眼球運動を繰り返させる技法と
いう点では Shapiro, F.（1989）の EMDR を催眠状態下で行ったものと考えるこ
ともできるが，ここでは，Cl の訴えや解決の努力に対して，できる限りその努力
の仕方に対し共感的に対応することだけを考えて自然に作り出された技法であり
EMDR の応用を考えたものではなかった。
　＃21から7回続けてこの方法を行った結果，視線恐怖に関する不安への脱感
作が進み，それに伴って同時に不快な過去体験の記憶の再修正も行うことができ，
視線恐怖の症状もほぼ克服することができた。その後，月に1度の割合くらいで

来談したが，大学受験に向けての心の準備をしたいという申し出での来談であった。翌年の大学受験で無事合格したため終結とした。

Ⅳ　催眠療法の治癒機制に関する考察

1）催眠療法の治癒機制における Cl － Th 間の共感的な関係性や相互作用の働きについて――コミュニケーション・ツールとしての催眠イメージが得られる"治療の場"の意義

　前述したように催眠療法では Cl の問題解決に必要とされる治療の場としての催眠状態をいかに効率的に作り出すかが重要な課題である。そのためには催眠誘導に対してもさまざまな工夫が必要となるが，本事例では Cl の催眠への「関わり方」（体験の仕方）（河野，1992）に注目し，その「関わり方」の変化を促進することで催眠誘導を効果的に行うという工夫を考えた。こうした考えの背景には Cl の催眠への「関わり方」は，Cl が問題や症状に対して行う「関わり方」と密接に関連しているという筆者の考えに基づいたものである。

　来談当初における Cl の症状への「関わり方」は視線恐怖という症状に圧倒され強い不安感，焦燥感を伴うものであった。こうした不安感，焦燥感が生じる背景には症状にこだわり続ける，この Cl の強迫性が影響しているものと考えられ，そのことは当然，視線恐怖症状を発症する事例に共通する性格特徴，例えば，「人一倍理想が高く，負けず嫌いで，人に優越したい気持ちが強い反面，人から疎まれることを非常に恐れ」，「自己主張と周囲との調和，共存との葛藤が強いといった強弱の矛盾する二面性を持つ」（成田，1988）という側面と関係しているものと考えられる。

　このような Cl の臨床上の実態に即した症状への「関わり方」は催眠誘導への「関わり方」にも象徴的に示されていた。《何とか早く催眠にかけられたい》反面で《かけられたくない》という強い葛藤が，《先生の言葉で腕が動かされている感じ》（＃１）という被動感として象徴的に言語表現されたことはその例であろう。

　また，一方で，この時の Th 側の催眠への「関わり方」に焦点を合わせて考えてみると，そこでは Cl が示す不安感，焦燥感に対して，当初，"何とか早く催眠にかけなければいけない"という切迫感を Th は感じ，結果として威光的な「関わり方」を行わざるを得なかった。こうした Cl － Th 間の対立的な関係性の中で得られた催眠状態の特徴は，Cl にとって自分という主体の外界で起こっている状態の変化として体験されているものと推測される（図１－１）。

第 1 章　催眠中に生じた自発的イメージとコミュニケーション・ツール

　この状態下では Cl は問題や症状に対して対立的，対決的な心的構え（「外界志向的構え」，田嶌，1987）で向き合っていることが予想され，決して治療的なものとは考えられなかった。したがって，このような対立的な関係性の中で得られた催眠状態は，Cl － Th 間の共感的な関係性や相互作用が得られにくく，治療の場として機能しがたいものとなり，Cl の体験様式の変化を促すものとはなりにくいと考えられた。

　これに対し，＃ 2 から行った筆者の介入の工夫は Cl に生じている葛藤から起こる Cl の催眠への「関わり方」に対して共感的に対応しつつも，その「関わり方」の変化を狙った働きかけを行うことで催眠誘導を行うというものであった。経過でも示したように技法的には Cl － Th 間の共感的な関係性や相互作用を活用する中で，Cl の催眠への「関わり方」やその変化に焦点を合わせた催眠誘導を行ったものだが，結果としてはトランス確認を行いながら段階的に解離を進め「意識の分離現象」（Nash, M. R., 2001）を狙った働きかけとなっている。具体的には＃ 2，＃ 3 での《腕が勝手に動く感じ》，《腕が自然に動き始めた》，《催眠に自然にかかっていく感じ》という Cl の表現に示されるように次第に催眠誘導への「関わり方」が主体的な印象を持つものへと変化している。催眠への「関わり方」の変化が主体的な印象を持つに従って，「意識の分離現象」が確実に進み，深い催眠状態が得られていることは興味深いものであった。

　また，一方では，この時の Th 側の「関わり方」にも変化が見られ Cl の主体性に任せていくという心的な構えが特徴的になっている（図 1-1 ～ 3）。

　こうした対応は Cl の「内的体験に応じて生ずる術者との対人的関係が重要」（Zeig, K., 1984）として Cl の個別性や独自性を尊重して利用する点や，そのための暗示として Cl の状態の変化に即した形で許容語（permissive words）を使う点などエリクソン催眠の中で言われる個別性の尊重や利用アプローチ（O'Hanlon, W. H., 1992）などに通ずるものがあるのかもしれないが，ここではエリクソン催眠を意識して行ったものではなく，あくまでも，Cl － Th 間の共感的な関係性や相互作用を尊重しながら Cl の体験の仕方の変化を起こすために行ったものであった。

　こうした状態で得られた催眠状態は図 1-1 で示された状態とは明らかに異なり，Cl － Th 間で共有する場として催眠状態が存在し，催眠状態そのものが Cl にとってはもはや外界で起こっているものとしてではなく，自分の精神内界で起こっている状態として受け止められていると考えられた。そのことを示すように＃

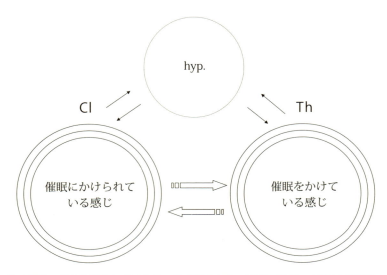

第1段階　共有体験としてのトランスが得られない段階でのTh−Cl間の関係性

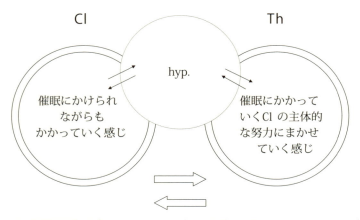

第2段階　共有体験としてのトランス獲得への移行段階でのTh−Cl間の関係性

図1　Clの催眠への関わり方の変化とCl − Th間の共感的な関係性や相互作用の変化（左頁上＝図1-1，左頁下＝図1-2，右頁上＝図1-3，右下頁＝図1-4）

◎治療の場としてのトランス空間が得られるまでの段階
第1段階（図1-1）：共有体験としてのトランスが得られない段階でのCl − Th間の関係性。
　Clの被催眠体験は「催眠にかけられている感じ」
第2段階（図1-2）：共有体験としてのトランス獲得への移行段階でのCl − Th間の関係性。
　Clの被催眠体験は「催眠にかけられながらもかかっていく感じ」

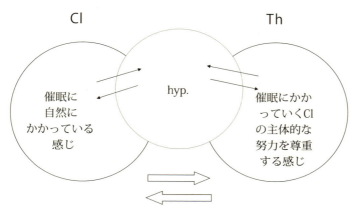

第3段階　安定した共有体験としてのトランスが得られた段階での Th−Cl 間の関係性

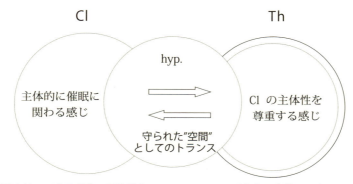

第4段階　共感的体験としてのトランスが得られた段階での Th−Cl 間の関係性
図1（その2）

◎治療の場としてのトランス空間が得られるまでの段階
第3段階（図1-3）：安定した共有体験としてのトランスが得られた段階での Cl − Th 間の関係性。Cl の被催眠体験は「催眠に自然にかかっている感じ」
第4段階（図1-4）：共感的体験としてのトランスが得られた段階での Cl − Th 間の関係性。Cl の被催眠体験は「主体的に催眠に関わる感じ」

３では自己回復の契機となる自発的なイメージが出現し，また，＃６でも「内界志向的な構え」（田嶌，1987）を形成しつつある Cl の内的状態を示す自発的なイメージが出現している。

この頃から催眠状態は，Cl の問題解決にとって対決的で，自らの心的防衛をはぎ取り不安に再直面させるような暴露的な空間ではなく，Th との共感的な関係性や相互作用に支えられた「安心，安全の場」，「守られた空間」として機能し始めたと考えられる。Cl が失いかけていた安心感や安全感を取り戻すことができたのは，この「守られた空間」が保障されたからであろう。

こうした治療の場としての催眠状態ができるに従い，その後の催眠誘導は簡易なものとなり，Cl の催眠への「関わり方」は能動的，主体的なものとなった。同時に自己への向き合い方も主体的となり，「自己志向的な構え」（田嶌，1987）も明確なものとなった。経過でも示したが，そうした変化が得られるに伴って Cl の「意識の分離現象」がいっそう進み（例えば，《自分が自分でない感じなのに自分の思いははっきりしている》など），深い催眠状態が得られていることも興味深い。

催眠療法における治癒機制に関する論考の中で，成瀬（1992）が「体験の仕方，体験様式の変化」を治療的変化の重要性として強調していることが肯ける結果であった。しかも，こうした体験様式の変化を促進させる要因としての Cl － Th 間の共感的な関係性や相互作用は他の心理療法に比べて，催眠状態を利用しているためか非常に効果的に現れ，その内容も密度の濃いものとなっているという臨床的事実も重要である。さらには，こうした体験様式の変化は Cl にだけ起こっているのではなく，Th 自身にも起こっているということが本事例では示された。

この事実を図式的に示そうと試みたものが図 1-4 である。この図の状態での Cl － Th 間に起こっている共感的な関係性や相互作用の様は（治療者としての観察自我を持ちつつも），Cl ばかりでなく Th も軽い催眠状態に入り，一部，Cl と催眠状態を共有して，その部分に向けて Th の「自我が開かれている」（図 1-4 の Th 側の点線部分で示した）状態ではなかっただろうかと考えられる。

図 1-4 で示された，この時の Th の状態こそが図 1-2 から図 1-3 への Cl の体験様式の変化を促したものだと筆者は考えている。そこでは，「Cl の主体的な努力を尊重する」という Th の関わり方から，「Cl の主体性そのものを尊重している」という関わり方へと変化している。この時の Cl － Th 間の関係性は，まさに主体－客体という二元論的な関係性を越えて一体化した状態に限りなく近づいた状態であったように思えた。こうした催眠状態下での関係性や相互作用の様を単に"共

感的”と表現することが適切かどうかは一考の余地はあるが，現在のところ筆者
自身もそれを的確に指し示す言葉を見出していない。

　いずれにしろ，催眠状態を共有しているというこの状態の中での Cl － Th 間の
共感的な作業は，「患者の遊ぶ領域と治療者の遊ぶ領域という二つの遊ぶ領域の
中で精神療法は行われる」という Winnicott, D. W.（1971）の示した Cl － Th 間
の相互作用による一つの創造的仕事としての面接を Cl と共に行っていたとも感
じられるし，Stern, D. N.（1985）の言う「情動調律」のような作業を Th が行っ
ていたのかもしれない。また，まさに，「（催眠状態の中での）関与しながらの観
察」（Sullivan, H. S., 1953）を Th が行っていたのかもしれない。

　こうした状態は八巻（2000）も「間主体的トランス空間」の創出による「間主
体的現象」として示したように，明らかな臨床の事実でありながら催眠理論に基
く実証的な検証ができないことが筆者としては心苦しいが，こうした条件下で相
互的に作り出された催眠状態であるがゆえに，非常にスムースにこうした治療の
場と治療関係が得られたものだと筆者は考えている。

　いずれにしろ，催眠状態での Cl － Th 間の共感的な関係性や相互作用の働きに
支えられて Cl は問題解決のために必要な主体的で適切な努力を見出している。経
過でも示したように，<u>＃ 15 の催眠状態中に示されたイメージは問題解決のため
の象徴的なイメージであり，そのイメージを Cl が自己治癒力として発展的に活用
していったことが本事例での良好な結果を作ったものと考えられる。具体的には，
＃ 16 ～＃ 19 に行った両価的な感情の統合に関する治療的なアプローチに関して
も，また，＃ 20 以後の視線恐怖症状に伴う不安感の脱感作に関しても＃ 15 での
象徴的なイメージを一つの比喩として活用したものである。これらは Cl － Th 間
の共感的な関係性や相互作用に支えられた治療の場としての催眠状態で作り出さ
れたイメージであったからこそ，Cl にとって自己支持の工夫や自己治癒のための
工夫を生み出す力を持つものとなったのではないかと考えられる。</u>そうした意味
では催眠状態では，エリクソンの言う「無意識」の力として「人の奥深くにある
知恵を持った自己」（Zeig, K., 1984）が活性化し自己治癒力を高めることができ
るのであろう。

　以上，事例の経過と共に催眠療法の治癒機制における Cl － Th 間の共感的な関
係性や相互作用の働きについて考察を加えた。その結果，効果的な催眠療法の治
癒の過程では催眠誘導過程においても，治療の場としての催眠状態の中において
も重要な役割を持っていることが明確になった。また，こうして得られた治療の

場としての催眠状態の持つ特徴として，①催眠状態が Cl の問題解決にとって対決的で暴露的な空間としてではなく，Cl － Th 間の共感的な関係性や相互作用の中で"守られた空間"として機能すること，②同時にそうした共感的な関係性や相互作用は催眠状態という特殊な心的な状態の中でこそ，他の心理療法に比べていっそう得られやすいものであること，③治療の場としての催眠状態で高められた Cl の主体的な活動性が自己効力感を高め，自己のあり方の変化への可能性を開き Cl の自己治癒力を高めるということが結論付けられた。

　こうした結果をもとに催眠療法の治癒機制について考えてみると，これまでわが国の催眠研究で強調されてきた催眠本質"状態"論や体験治療論に基く論考に加えて，Cl － Th 間の共感的な関係性や相互作用などの関係的特性が治癒に果たす役割についても十分な議論がなされ，いずれ，それらを統合する一つの催眠理論の構築が必須の課題ではないかと強く感じさせられた。

2）コミュニケーション・ツールとしての催眠イメージについて

　本事例における催眠療法中の自発的イメージの展開を，コミュニケーション・ツールとしての催眠現象という視点から簡単に考察を加えたい。この事例において Cl に生じたイメージは催眠中の自然な現象として自発的に生じたものであった。そして，それらのイメージ体験は，Cl のその時々の心的状態や，現実的に抱えていた不登校という問題への Cl の向き合い方，さらには心的外傷体験に対する自身の内的状態を象徴的に表していたように考えられた。それは，例えば，＃3での自発的なイメージ（『多くの子犬が右側から左側へ向けて走り，餌をもらっておいしそうに食べている』）や，＃6での自発的なイメージ（『自分が宇宙にいて気持良く漂いながら地球を見ている。地球はとても綺麗だった』）などがそうである。催眠中に体験されたこれらのイメージは，Cl のその時々の心的状態を象徴的な形で Th に伝えるものであり，Th はその表現を通して Cl の心の状態を的確に実感できた。

　さらには，＃15 での『トイストーリーの一場面。一人の男の子のところへ新しいオモチャが来て，古いオモチャとが対立した。しかし，次第にわかりあって最後は理解し合えた』，『夫婦の間になかなか子どもができなくて，どんな子どもでも良いから授けてほしいと願ったら，ハリネズミの肌をした子どもができた…（中略）…しかし最後は呪いもとけて普通の人間の子どもになった』というストーリーは，心的外傷体験やそれに対して全く対処ができなかったことでの Cl の

心理的苦慮感，さらには，回避的な行動を続けている内に《自己主張したい気持ち》と《そんなことを気にしたくない気持ち》との強い葛藤が生じ，それに伴って《そんな気持ちが（周りの人に）知られてしまうのではないか》という不安感が強くなり視線が気になり始めたことなど，症状にまつわる両価的な感情をThに伝えるためのコミュニケーション・ツールとして役立った。

さらに，#16 での催眠中に出現したイメージ，《自分の視線が回りの人に向っているので，その人達の視線が一斉に自分に向ってきている》，《向って行く視線と向って来る視線とで目がチカチカする》，《そわそわしてじっとしていられない》etc. は，視線恐怖症状の際の Cl の苦慮感を Th に，体験を伴う表現を使って的確に伝える手段として効果的に働いたと考えられた。その結果，Th は，イメージ体験で示された Cl のその状態を利用する形で，"向って行く視線と向って来る視線とが対立するのでなく，次第に分かり合って互いに理解し合えていくのだよね" と間接的に暗示したり，同時に解決へ向けて，"呪いを解くように，行き交う視線を（イメージで）左に右にと追いかけてごらん" と眼球運動を繰り返すような臨床適用暗示の工夫を考え出すことができたのである。結果，催眠状態を利用した EMDR を行ったのと同じような経験が得られ，トラウマ処理も同時にできたのだと考えられた。

そして，この工夫は Th が意図的に作り出したものではなく，催眠状態下での非言語的なやり取りの結果として相互的な関係の中で生みだされたものである。こうした臨床展開を振り返ってみると，催眠中に生じたイメージ体験が Cl － Th 間の重要なコミュニケーション・ツールとして機能していたことがよくわかる事例であったと考えられた。

文　献

長谷川博一（1997）体験様式変容のための FCR 面接の 3 事例―クライエント中心の催眠法として．催眠学研究，42(2); 46-55.

笠原嘉編（1984）精神病と神経症．みすず書房．

河野良和（1992）心理療法における体験治療論．In：成瀬悟策編：現代のエスプリ別冊：臨床動作法の理論と治療．至文堂，pp.32-42.

増井武士（1987）症状に対する患者の適切な努力．心理臨床学研究，4(2); 18-34.

松木繁（1991）『悩み』の解決と『悩み方』の解決―『悩み方』の解決に焦点を合わせた二つの事例とその考察．心理臨床学研究，9(2); 4-16.

松木繁編著（2017）催眠トランス空間論と心理療法―セラピストの職人技を学ぶ．遠見書房．

Nash, M. R.（笠井仁・徳田英次訳，2001）催眠現象の神話と真実．日経サイエンス，10 月号；68-75.

成瀬悟策（1992）催眠療法を考える．誠信書房.

成瀬悟策（1993）催眠理論の再構築．催眠学研究，38(1); 1-4.

成田善弘（1988）対人恐怖症—最近の見解：現代精神医学体系 88-A．中山書店.

大野清志ほか（1984）日本催眠医学心理学会第 30 回大会シンポ「催眠療法におけるリラクセーション」．催眠学研究，29(1, 2); 48-61.

O'Hanlon, W. H. & Martin, M. (1992) Solution-oriented Hypnosis: An Ericksonian Approach. New York; Norton.（宮田敬一監訳・津川秀夫訳（2001）ミルトン・エリクソンの催眠療法入門．金剛出版.）

齋藤稔正ほか（1991）特集「変性意識状態」．催眠学研究，36(2); 6-42.

Stern, D. N.（小此木啓吾・丸田俊彦監訳，1990）乳児の対人世界 I，Ⅱ．岩崎学術出版社.

Sullivan, H. S.（中井久夫訳，1990）精神医学は対人関係論である．みすず書房.

高石昇（1988）日本催眠医学心理学会第 34 回大会シンポ「催眠と心理療法—展望と課題」．催眠学研究，33(1); 40-42.

高石昇（1996）成瀬論文「催眠理論の再構築」を読んで．催眠学研究, 41(1,2); 64-65.

田嶌誠一（1987）壺イメージ療法—その生い立ちと事例研究．創元社.

Winnicott, D. W.（1971）Playing and Reality.（橋本雅雄訳（1979）遊ぶことと現実．岩崎学術出版社.）

八巻秀（2000）催眠療法を間主体的現象として考える—事例を通しての検討．催眠学研究，45(2); 1-7.

吉川悟（2001）治療抵抗を催眠現象として見立てることを利用したアプローチ—「催眠療法でないと治らない」と主張した事例．催眠学研究，46(2); 2-7.

Zeig, K. ed（1980）Teaching Seminar with Milton H. Erickson. Brunner/Mazel.（成瀬悟策監訳・宮田敬一訳（1984）ミルトン・エリクソンの心理療法セミナー．星和書店.）

第2章

Cl － Th 間の重要なコミュニケーション・ツールとしての催眠現象

［1］催眠誘導への Cl の反応そのものが，Cl の新たな「体験の再処理過程」を導き出していることについて

I　はじめに

　第1章では，催眠トランスの中で自発的に生じたイメージがコミュニケーション・ツールとしてどのような機能を果たしていたかについて触れたが，本章では，イメージという観点からだけではなく，催眠中の体験そのもの，例えば，催眠誘導暗示で観念運動を起こさせた場合に Cl に生じる被催眠体験そのものが，臨床的に効果の高いコミュニケーション・ツールとして利用できるという観点から催眠療法の効果的なあり方を見ていきたい。

　そして，催眠誘導への Cl の反応そのものが，Cl にとっては新たな対処行動や解決方策の発見に繋がる，「体験の再処理過程」として，Cl の新たな可能性を開いていることについても具体的に示していきたい。

　第1章でも触れたように，催眠を効果性の高い心理臨床技法として有効にするためには，Cl － Th 間の共感的な関係性によって支えられた「催眠トランス空間」内で，Cl － Th 間の双方向的なやり取りのもとで展開されていることが必須条件である（松木編，2017）。

　それゆえ，催眠現象を効果性の高いコミュニケーション・ツールとして臨床利用するという考え方も，従来からの古典的・伝統的な催眠療法を行う際のように，Th が意図的に，また，指示的・操作的に行うという意味ではない。あくまでも，「催眠トランス空間」という"守られた空間"の中で，Cl の"無意識"から発せら

れる主体的な解決努力に対して Th も共感的に理解し尊重する臨床姿勢が求められるのである。

　こうした考えを私が強調するようになったのは，Th が同じ誘導暗示を使っていても，その暗示に対する Cl の反応は，各々の Cl によって，また，同じ Cl であってもその時の心身の状態によって異なっており，さまざまな様相を呈することを私は臨床的事実として見続けてきているからである。例えば，わかりやすい例で言うならば，観念運動の腕下降暗示，「腕に気持ちを集めていると，だんだんと腕が重たくなって下に降りてきます」，を与えた際に，ある Cl は腕に気持ちを集中させるに従ってスムースに腕が降りてくるし，また，ある Cl は集中すればするほど腕がそこに留まったままになりカタレプシーを起こしたように固まってしまう場合もある。中には驚くことに，下へ降りてくるはずの腕が意に反して（？）降りるどころか上に行ってしまう場合もある。観念運動がわかりやすいので一例を出したが，それ以外にも，リラクセーション暗示を与えた際に，多くの Cl はリラックス暗示を受け入れるに従って身体的には副交感神経系の働きが優位になって，自然と呼吸も深くゆったりとしたものになっていくのだが，あるタイプの Cl は，例えば，パニック発作を起こしやすいタイプの Cl の初期段階での催眠誘導においては，そのリラックス暗示が一旦は副交感神経優位な状態を作るのだが，それを引き金にして，逆に交感神経系の興奮を誘発して呼吸が浅くなり息苦しさを訴える場合もあるのである。

　つまり，催眠誘導に対する Cl の反応は，身体的にも心理的にも実に特徴的で，独自性に富んだものであり，また，その表現方法も Cl によってさまざまなのである。このことを少なくとも Th は明白な事実として理解し対応できるスキルを持つ必要がある。こうした事実は，筆者に言わせれば，明らかな臨床的事実なのだが，未だ実証的研究が追い付かないため臨床研究での議論にまで発展していないのが非常に残念なことに思える。

　もう少し具体的に言うと，催眠誘導暗示に対しての Cl の反応は千差万別で，Cl のタイプによって，運動反応優位（Ex. 不随意運動，カタレプシー等の運動反応），情動反応優位（Ex. 悲しみ，怒り等の感情反応），自律神経系の反応優位（Ex. 呼吸の変化，体温の変化等の自律神経系の反応），知覚的な反応優位（Ex., 痒み，痛み等の知覚の変性した状態反応），イメージによる反応優位（Ex. 視覚的・体感的イメージでの反応）等々，いろいろな方法でなされる。そして，それらの反応は"多重的に"，"多層的に"影響し合いながら同時的に表現されることもある。さ

らに，その反応の一つひとつには，Cl の抱える問題や症状にまつわる"意味性"
が示されていたり，その Cl の問題や症状に対するコーピングスタイルや，時には，
その Cl の生き様そのものに関係する意味性が含まれている場合もある。それゆえ
に，Th は催眠誘導の過程で示されるそうした現象の意味性を理解し，Cl が自発
的に示す解決のための主体的な努力として尊重し共感的態度を持って受け止め援
助することが，催眠現象の利用ということになる（松木，2012）。

　この点については明らかな臨床的事実でありながら，文字に起こして伝える
のが非常に難しいので，幾つかの臨床事例を提供しながら説明を行っていきたい。な
お，ここで挙げる事例も，これまで幾つかの論文で示したり，学会主催の研修会
で説明したりしているものである。また，これから紹介する事例での Cl の反応を
見る際には，以下の原則を前提にして Cl の反応を連想するとわかりやすいので，
ここに示しておくことにする。

　1）催眠誘導に対する Cl の反応は，Cl-Th 間の重要なコミュニケーション・ツ
　　ールであるという捉え方。
　2）催眠誘導に対する Cl の反応は，個別的で独自性に富んだものであるとい
　　う捉え方。そして，Cl の反応には何らかの意味性が含まれており，それゆえ，
　　その反応の意味性の理解は Cl の内面理解に役立つこと。
　3）催眠誘導に対する Cl の反応は，時には Cl の日常における彼らのコーピン
　　グスタイルを表していることが多いこと。
　4）催眠誘導に対する Cl の反応は，Cl の新たな「体験の再処理過程」を導きだ
　　している可能性が高く，それが彼らの新たな「体験の仕方」として有益であ
　　ること。
　5）催眠誘導に対する Cl の反応は，"多重的"，"多層的"であるという捉え方。
　　この"多重性"，"多層性"の理解が，Cl の内面理解に対する「文脈」（コンテ
　　クスト）的理解を助けるということ。

　では，以下に，パッケージ化された催眠技法だけでは症状が改善されなかった
「慢性疼痛」の一事例を紹介しながら，筆者がコミュニケーション・ツールとして
の催眠現象を利用しつつ，Cl の問題解決に役立つ技法的配慮や臨床適用暗示の使
い方を工夫していたかを示すことにする。この事例を検討する中で，Cl の「体験
の再処理過程」のプロセスや，Cl の新たな「体験の仕方」がどのようになされて

いったかが理解されるものと思う。

Ⅱ　コミュニケーション・ツールとしての催眠現象の利用1——「慢性疼痛」ケースでのカタレプシーの利用と「臨床適用暗示」の工夫（症状にまつわるClの「語り」と「語られない言葉」への注目）

1）事例の概要と来談時におけるClの症状に対する「語り」

〈事例の経過中，コミュニケーション・ツールとしてClの内面理解に役立った催眠現象やその表現には実線での<u>下線</u>を，そして，その際のClの内的状態を推測させる表現には波線を，さらにはコミュニケーション・ツールとしての機能を考えるのに重要と考えられる部分には<u>二重線の下線</u>を付した〉

　Clが筆者のもとへ来談したのは，Ｘ年◯月であった。主訴と経過の概要は，Ｘ－◯年に自家用車を運転中，交通事故に遭い頚部損傷。頚部および右上肢の痺れを伴った痛みを訴え，整形外科受診。頚部 MRI 等の検査に異常はなかったため処置後，経過観察。痛みが持続するため，近医での神経ブロック，投薬治療，リハビリ，鍼灸治療を行ったが改善されず，数カ月後頃からは右半身を中心として全身に痛みが拡がり現在に至り，仕事を休職せざるを得ない状態が続いている。近医の判断では，痛みに伴う不安，緊張による痛みの増幅に加え，何らかの職場でのトラブル等，症状の背景に心理社会的要因も深く関係している可能性が高いため，心理療法を行うのが有効ではないかとの判断で主治医から筆者のもとへ紹介されてきた事例である。特に，痛みの軽減を目的とした自律訓練法や催眠療法が有効ではないかということで情報提供を受けている。

　来談時でのClの症状に対する訴えは患部の直接的な痛みの訴えだけでなく，全身にわたる痛みを訴えていたが，その訴えは症状の背景の複雑さを連想させる象徴的な「語り」が特徴的であった。例えば，痛み症状に対する直接的な訴え（「語り」）は，「<u>皮膚の表面に軽く触れただけでも痛み始める</u>」，「<u>表面の"ぴりぴりした痛み"</u>」という皮膚感覚的なものであったが，次第に，「<u>温度差や空気の流れによっても痛みが誘発される</u>」，など環境からの影響を連想させるものも加わり，訴えは多様なものになっていた。さらに，痛みが長期化するに従って，「<u>身体内部の"押し潰されるようなぎゅーっとした痛み"</u>」という表現も加わり，その訴えは内臓感覚的な訴えへと広がりを見せていた。さらに，そうした痛みの症状と並列的に他の身体症状も出現し仕事中に突然の激しい発作に見舞われていた。

2）治療経過の概要と催眠の臨床適用の工夫

　本事例は，筆者が初期鎮痛の段階で標準的なアプローチとして推奨されている自律訓練法や催眠誘導によるリラクセーションを行った結果，痛みの増幅やそれに伴う自発的除反応による情動の混乱を招き，対応に苦慮した事例である。

　具体的には，＃1では主治医の情報提供に基づき，Clに対し痛みに対する催眠療法の効果に対する心理教育を行ったうえで標準的な初期鎮痛の方法として，リラクセーションを目的とした催眠療法を実施することにした。催眠療法に対するClのモチベーションの高さもあり，容易にリラクセーションが得られ鎮痛効果も得られると考えたが，実際は催眠誘導が進む間に顔を歪め始め，「<u>皮膚の表面の"ぴりぴりした痛み"</u>が強くなって気分が悪い」，「<u>皮膚の表面に軽く触れただけでも痛み始める</u>」と言い，途中覚醒してしまった。Clによれば，「<u>最初は穏やかなゆったり感を味わえていた</u>」が，次第に「<u>身体がカーッと熱くなって</u>」，「<u>（人に）触られた際に熱く痛くなる時の感じや皮膚の表面のぴりぴりした痛み</u>が思い出され，涙が止まらなくなった」とのことであった。催眠面接後の振り返りでは，多くを語らず，「<u>やはり，気を抜くと碌なことはない</u>」と言い，容易には鎮痛できないことを訴えた。こうしたClの反応は，＃2および＃3で行った自律訓練法でも見られ，激しい除反応を起こすことはなかったものの，「じっと座っていると痛みを感じてしまい<u>座り続けられない</u>」と言うなど痛みの訴えについては同様であった。治療体験が痛みの再体験を誘発してしまう結果になり，症状の改善は得られず逆に悪化する結果となってしまった。また，「この症状が続くので，<u>身を固めることもできない</u>」（日本では「身を固める」という言葉は「結婚する」という意味でも使う）と言い，Clの抱える背景を連想させるような「語り」が見え隠れするのを筆者は感じていた。

　＃3までの対応の中で，このClにはリラクセーション効果は必ずしも疼痛コントロールに役立たないこと，それどころか情動の混乱を招くなどClにとっては逆効果となったため，治療継続のためには何らかの工夫を行わざるを得なくなっていた。＃4では効果的なアプローチが見つからないままClと言語面接を続ける内に，職場環境の悪さや，上司とのトラブル，仕事が滞っていることでの焦り，プライベートでは症状が改善されないために結婚話が宙に浮いてしまっていること等の話が，「<u>いつもピリピリ</u>」，「<u>気詰まり</u>」，「<u>カーッと熱くなる</u>」，「<u>癇に障る</u>」，「<u>まとまらない</u>」，「<u>固まらない</u>」等の言葉を象徴的に使って語られていた。

　こうした状態を解決するために，筆者は催眠誘導によるカタレプシー体験を利

用することにした。それは，催眠誘導によってもたらされたカタレプシー体験が Cl の不安抑制やコントロール不能な情動混乱の自己コントロールに役立つ経験を，すでに，境界型人格障害事例での催眠適用（松木，2008）によって知っていたからである。

　具体的には，まずは開眼状態のままで左腕・左脚のカタレプシーを起こし，その部位の感覚麻痺による鎮痛を体験させた。Cl は感覚麻痺を起こしているため，「触れられてもピリピリはしない」，「熱くなる感じがない」と言い，さらには，「うまく固まっているのが面白い」と語ったため，筆者からは，鎮痛を体験している内に徐々にカタレプシーを起こしている部位以外は段階的にリラックス感を味わうことができると暗示しつつ催眠を進めた。催眠中はカタレプシーを起こしている部位を中心に久しぶりに痛みが緩和し，気分的にはリラックスした感じが味わえていると Cl は語ったが，残念ながら覚醒後は催眠中に味わった痛みの緩和感が持続することはなかった。しかし，一定の鎮痛効果は得られたので＃5，＃6と同様のアプローチを続け，さらなる工夫として今度はカタレプシーを作った後，Cl には，（催眠誘導しながらではあるが）“自力で”カタレプシーを段階的に解く練習を行なわせ，カタレプシー状態が解けるに従って段階的に弛緩する感じを体感させ，「痛みに対する緩やかな感覚の統合」を図りつつ「痛みの緩和の体感的受容」を行うように進めた。

　＃7以降も同様の方法で続けたのだが，弛緩感と痛みの緩和感を得る過程でのCl の「語り」は「（カーッと熱くなるのでなく）ゆっくりな温かさ」，「ピリピリじゃなく，ふわふわ」，「（滞りがなく）流れている」といった表現を使っていた。痛みが完全に消失したわけではないが，徐々に自己コントロール可能な痛みという受け止め方に「語り」も変化してきたように筆者には思えた。そうした状態を反映してか，＃12の催眠前の言語面接では職場内の人間関係のストレス，特に，パワハラまがいの上司との関係について話すようになったが，その際の「語り」では，「上司も良くないんですよね」と呟くように言っていた。「上司が悪いんです」という断定的な表現ではなかったため，筆者はClのナラティブなレベルでの「語られない言葉」（“上司も”の言葉には，上司だけでなく自分にも非があることを暗示的に含んでいると推測された）から，Clの自責の念を含む両価的感情に思いを馳せることができた。そうした複雑な心理的背景を考えると，痛み症状の背景にある（であろうと推測される）攻撃的な感情をストレートに表出することが痛みの消失に繋がるとは考えにくかった。それよりは，「語られない言葉」の中で

暗に示された，「上司だけでなく自分にも悪いところがある」とする Cl の両価的感情に焦点を合わせ，「痛みの緩和感」を体得させる方が治療的と考えたのである。こうした治療の流れを受けて，この回の催眠では，カタレプシー練習を終えるにあたって，「カタレプシーによって固まった状態をあなたは段階的に解くこともできているし，いざという時には，必要に応じて固めることもできることにあなたは気づいている」と暗示して終え，それ以降はカタレプシー練習を行うことはなかった（「語り」の中のルビは筆者）。

この例でもわかるように，催眠誘導暗示を組み立てるに際して，Cl の症状に対する「語り」を傾聴し，かつ，その「語り」の中に含みこまれたメタ・メッセージや「語られない言葉」（神田橋，2011）にも注目し，それらを「間接暗示」として「臨床適用暗示」に組み込むという暗示の使い方の工夫が臨床的に有効であった。

Cl にとって，症状を増悪させる心理社会的要因は，実に「多重に・多層に」（松木，2012），複雑に絡み合っており，そうした要因は臨床場面の中では，直接的，または間接的表現による Cl の「語り」や「語られない言葉」として "ナラティヴに" 示されることが多く，本事例においても，痛みの訴えに関する「語り」の中に，Cl 自身の対人関係での敏感さや対人関係における攻撃的感情，特に，上司に対する攻撃的感情の抑圧が深く関係していると連想させるもの，さらには，自身の将来へ向けた生活設計に対する不安感，等々が象徴的に示されていた。したがって，本事例では，Cl の「語り」の中に内在化されている象徴的な意味を，「臨床適用暗示」に組み込む工夫も行ったのである。

Ⅲ　事例をふり返っての簡単なまとめ——臨床催眠研究の新たなパラダイムを求めて

本稿では，筆者が日々の臨床で催眠適用に苦慮した場合にどのような観点で技法的配慮や工夫を行ってきたかを，「慢性疼痛」の事例を基に紹介した。

臨床催眠研究がより科学的であるためには，Cl の状態像や特性の的確な評価と治療計画および共通技法の共有による臨床実践研究の蓄積が必須であることに筆者は全く異論はない。また，そのためには EBM に基づく臨床催眠研究が重要であることも承知している。しかし，臨床現場で出会う事例はそうした客観的な評価に基づく治療計画にうまく適合して，EBM に基づくパッケージ化された共通技法にうまく適応してくれる患者やクライエントばかりでなく，どちらかと言うと，

多くは何らかの形で患者やClの個別性・独自性に沿った，かつ，複雑に絡む"多重的で多層的"な心理社会的要因に配慮した形で何らかの工夫をせざるを得ないことが多い。しかしながら，催眠の臨床適用に至っては，催眠そのものの効果が未だ十分な研究に基づいたものが少ないため，治療者の臨床経験や力量に頼らざるを得ないのが実情で，今回，提示した事例に関しても苦肉の策で行ったこれらの技法的工夫や配慮が果たして最良のものであったかは筆者自身も根拠の示しようがない。しかし，結果論ではあるが，症状の除去や緩和に役立つことができたのも臨床的事実である。序文でも述べたように，こうした臨床実践を繰り返すことで，時には，そうした技法的工夫が新たな技法の開発に繋がるだけでなく，ターゲットとする症状に対する新たな治験データを我々に提供してくれたりもする。いずれにしろ，臨床催眠研究を積極的に促進するためには，催眠の臨床実践の集積を計画的に行い，同時に，その効果研究も積み上げていくことである。臨床催眠研究の新たなパラダイム構築には，催眠の臨床実践の集積とその中で個々の患者やクライエンとの状態像や特性を的確に評価し，それに合わせた治療計画を立てる効果研究へと相互補完的にシフトさせ，引き継いでいくことが重要になると考えられる。

［2］事例に基づく催眠誘導の逐語とその解説
──コミュニケーション・ツールとしての催眠現象利用の実際

Ⅰ　カタレプシーを利用した催眠誘導による鎮痛と疼痛管理のテクニック

　先に述べたように，このケースの場合，初期鎮痛を行うために導入した自律訓練法や催眠によるリラクセーション体験は初期鎮痛には役立たず，逆にClの痛みを増幅させる結果となった。そのため，筆者は催眠誘導の方法を変更し，催眠によるカタレプシーを利用しながら鎮痛および疼痛コントロールを3段階に分けて行うという方法を行った。

　まず，第1段階として，催眠によるカタレプシーを作って軽い感覚麻痺を起こさせる方法で鎮痛体験を得る方法を行った。第2段階では，その体験による安心感のもとで，カタレプシーを起こさせている部位とは別の身体部位のみのリラクセーションを催眠誘導により作り，カタレプシーを起こしている部位以外の身体的リラクセーション体験を段階的に実感させ鎮痛体験を得る方法をとった。さら

には，第３段階において，今度はカタレプシーを起こして不随意になった身体部位のカタレプシー状態を"自力で"段階的に解く練習をさせて，徐々に自身の力で効果的なリラクセーション体験を得る方法をマスターさせた。

　以下に，この３段階にわたる催眠誘導の実際を示すことにする。もちろん全ての誘導を逐語的に示すことはできないので，各段階での導入部分のところを逐語で示し，その後の説明において全体の要領がわかるように書くこととする。

第１段階：催眠によるカタレプシーによる感覚麻痺体験と鎮痛

　第１段階での催眠によるカタレプシー状態を作る催眠誘導を行う前の事前準備として，これから行う催眠によるカタレプシー状態がどのような状態であるのか，そして，その状態が鎮痛に対してどのような効果が期待できるかのインフォームドコンセントを行う。同時に，Cl の集中を妨げないような配慮を行ったうえで催眠誘導を行う。

　開眼状態のままで左腕・左脚のカタレプシーを起こし，その部位の感覚麻痺による鎮痛を体験させる。カタレプシー体験を Cl にしっかりと自覚させ，集中を途切れさせないように開眼のままで誘導する。通常の催眠療法を実施する位置よりは少し Cl に近い距離に近付け，左手を太もも（大腿部）のうえに載せた状態で……。

　　Th：それでは，左手で握り拳を作り，親指だけを真っ直ぐに立てて，同時に他
　　　　の４本の指にはぎゅっと力を入れて握り拳を作って下さい。わかりますか？
　　Cl：〈頷く〉
　　Th：そして，次に，親指の爪をじっと見つめます。その爪をじっと見つめてい
　　　　ると，次第に他の４本の指には徐々に強い力が入ってきます…（間）…そう，
　　　　その爪に気持ちを向けている間に，だんだんと他の４本の指にも力が入って
　　　　きて，それらの指が一塊のようになって，"硬く，強く"なってくるのがわか
　　　　ります。あなたは，その様子をしっかり見ることができています。だんだん
　　　　力が入ってきて，あなたは，５本の指全部がいつの間にか動きにくくなって
　　　　"固まってくる"のがわかります。よーく，自分でも見てごらんなさい。指が
　　　　固まってきてしっかりくっついて動かなくなるのがわかりますね？
　　Cl：〈頷く〉
　　Th：自分で動かせそうだったら動かしても構いません。どう？

〈Cl はカタレプシー状態になり，自分で動かそうと試みるが動かない〉

Cl：親指が立ったまま，他の指は固まって開けることができなくなってきました。不思議な感じ…（間）…全く開かない…（間）…手が冷たくなってきました……。

Th：そう，気が付いたら，指が開かなくなって動かせなくなっているのがわかりますね？

Cl：〈頷く〉…（間）…手が冷たくて，ちょっと痺れた感じ……。

Th：自分で見ているので，こわくはないですよね？

Cl：〈頷く〉…（間）…手だけじゃなくて太ももも冷たい感じがしてきました……。

Th：そう，その感じを十分に味わって下さい…（間）…そうしたら，あなたの手に少し触れてみてもいいですか？〈Cl が頷くのを確認して〉…どう，今，触れた感じは？

Cl：うーん…（間）…（Cl は感覚麻痺を起こしているため）<u>触れられてもピリピリはしない</u>，<u>熱くなる感じがない</u>，<u>うまく固まっているのが面白い</u>…痛いのか痛くないのかも分からない…（後略）…。

このような手続きを行う中で，カタレプシーによる感覚麻痺を起こし，Cl の皮膚感覚的な痛みの訴えに対して鎮痛体験を得させる。そして，その後に，そのカタレプシー状態を維持させたまま，その部位以外の身体部位に対して催眠誘導を行ってリラクセーション体験を得させる。その際の誘導を以下に逐語的に示すと……。

第2段階：カタレプシーによる感覚麻痺を起こしている部位とは異なる部位の リラクセーション体験とリラクセーションに伴う鎮痛緩和体験

Th：今，左手が固まって，冷たくなって痺れた感じがして……しかし，あなたは，ピリピリしない感じにも気づくことができていますね？

Cl：〈頷く〉…（間）…。

Th：……そして，そうしている内に，<u>あなたの右手は自由である</u>ことにもあなたは気づいています…〈Cl の右手の様子を観察しながら〉…あなたの右手は次第に右足の太ももの温かさを感じて，<u>その右手の手首辺りから指先にかけて，だんだんと温かく</u>なってきているのを感じることができています……左

手は硬いままだけど……右手は，少しずつ，少しずつ，温かさを増してきて…（間）…感じられてるかな？

Cl：〈頷きながら，右手の感触を味わっている〉はい……何となく…（間）…。

〈この時，Cl の左手はカタレプシー状態のまま保持させているが，他の身体部位は徐々に弛緩しつつある〉

Th：そう……じっくり味わってみて下さい…（間）…今，あなたの右手が温かくなって，その内に，それらが右腕，右脚にも拡がっていくのを感じられています。本当に少しずつですが，滞っているものがゆっくりと流れ始めてきているのをあなたは感じることができています……。

〈この後，Cl は無言でじっくりと味わっている様子。苦痛な感じはない〉

Th：どう？　どんな感じかな？

Cl：うーん……ゆっくりな温かさ…（間）…ピリピリじゃなく，ふわふわ…（間）…流れている感じ…（後略）…。

このような誘導を続けていく内に，Cl はカタレプシーを起こしている部位以外は段階的にリラックス感を味わうことができるようになり，その部位を中心に久しぶりに痛みが緩和し，気分的にはリラックスした感じが味わえるようになった。しかし，左手のカタレプシー状態は保持したままので，第3段階として，左手のカタレプシー状態を解く練習を催眠状態下で行った。その誘導の手続きを以下に示すと……。

第3段階：カタレプシー状態の"自力"での解除と間接暗示による疼痛コントロール

Th：さあ，あなたは今とてもリラックスしています。しかし，左手がまだ固まったままなことはわかるよね？…〈Cl 頷き〉…そうしたら，今から，その左手の固まった状態を自分で解いて，いつもの状態に戻すことにします。いいですか？…〈Cl の頷きを確認して〉…。

じゃあ，一度，大きく深呼吸しましょう……そう，ゆったりとしています……では，今，固まった状態になっているその手のどこかに気持ちを持って行くと，この固まった状態が緩んで行きます……どこに気持ちを集めるといいかな？…（間）…

Cl：うーん？……親指の根元辺り？……小指？…〈いろいろと試した後〉…親

指の根元に気持ちを集めながら人差し指を拡げてみると…（次第に Cl の左手
のカタレプシーが解かれ）…。

Th：そう，だんだんと自分の力で固まった手の状態を緩めることができていま
すね……その，緩む感じを大切にね……。

Cl：ああ，緩くなって開いてきました…（間）…動くようになって……（自分
で）動かせるようになってきました……。

Th：そう，そのようにしたら，固まった状態も自然と緩めることができていま
すね…（Cl 頷き）…そして，左手も左脚も緩んできて……とっても気持ちよ
くなってきています……ここで大きく深呼吸しましょう……すると，その緩
んだ状態がだんだんと手から肘，肩に……そして，左脚の緩やかな感じが次
第に太ももへあがってきて…（間）…そして，お腹も温かくて気持ちがいい
…（間）…今，感じられているこの温かさは身体の違和感や痛みを和らげて
くれています……良い持ちです…（Cl はじっくりと味わっている）…。

Th：そう，いい感じですね……このリラックスした感じは，もう自分で意識し
てそうしようと思わなくても身体が覚えてくれていて，身体の緊張が強くな
ってきた時や痛みが出てきたときには自然とその感じを味わうことができる
ようになっています……そして，あなたは，固まった状態を自分で段階的に
解くこともできているし，いざという時には，必要に応じて固めることもで
きることにあなたは気づいてきています…（後略）…。

　カタレプシーを利用しながらのリラクセーション体験の催眠誘導過程の具体例
を示した。この事例でカタレプシー利用が効果的であったのは，セラピィ中の Cl
の「語り」の言葉を借りて言うならば，「気を緩めると碌なことはない」という疼
痛に対する Cl の向き合い方に寄り添いながら，誘導暗示を組み立てていったこと
が功を奏したと考えられる。つまり，「どこか一部で緊張を残しながら」リラック
スをすることができるならば，Cl にも十分なリラックス体験が得られ，結果とし
て鎮痛を得ることができるという実際体験を催眠中に実現させたことで，Cl は効
果的な鎮痛体験を得られたし，さらには，カタレプシー体験を"自力で"解除す
る体験が疼痛管理・疼痛コントロールにも役立つことができたことが効果的に作
用したと考えられた。

　さらには，「カタレプシー＝身を固める」という言葉は，日本人にとっては「結
婚すること」を意味する言葉として多義的に使われることがあり，Cl にとって催

眠中にカタレプシー体験を自己コントロールする作業を行えたことは，間接的にはClの人生における結婚の成功へのトレーニングとして繋がっていたと考えられた。この経験は，催眠療法における臨床適用暗示の使い方の工夫として，Clの「語り」の多義的な意味をナラティブに捉え，それを暗示に組み込むことが，結果として心理社会的な要因の解決に繋がることを教えてくれた。慢性疼痛治療においてだけでなく，難治ケースへの催眠療法の適用において，臨床適用暗示を効果的に作るうえでの重要なヒントを我々に与えてくれているのである。

　本ケースでのClにとってのカタレプシー練習は，生理学的なレベルでの鎮痛を目的とした自己コントロール練習という意味で効果的であっただけでなく，同時に，痛みの背景にあると推測される心理社会的要因に対する"心理的鎮痛"（怒りを"上手に"鎮めるという意味で）としても効果的に作用していたと考えられる。また，それらは，実際の催眠療法場面では，表向きは鎮痛を目的とした直接暗示としてClに伝わっているのだが，同時的に心理社会的要因の解決に繋がる間接的な暗示としてもClに効果的に伝わっていたと考えられた。

Ⅱ　コミュニケーション・ツールとしての催眠現象の利用2——社交不安による過緊張状態で吃音様症状が出た事例への「臨床適用暗示」の工夫

　事例は，30歳代男性会社員。主訴は社交不安性障害に伴う吃音様症状。この事例の発症の背景には，会社内の人間関係と仕事上の行き詰まりによるストレスが推測された。

　催眠療法を始めた際の，Clの「腕下降」暗示に対する反応は，右斜め上に挙げた腕が最初なかなか降りて来ず，その内にカタレプシーを起こし始めて軽く震えながら，"少し降りては引っかかって止まり"，一呼吸置いて動き始めて，再び，"少し降りては引っかかっては止まる"という反応を繰り返した。催眠誘導中のこの反応を丁寧に観察すると，右腕のカタレプシーを起こしている際には同時に喉の辺りにもカタレプシーが現れており，呼吸に合わせて2つの反応が連動して動くという現象が見られた。

　「腕がスムースに降りない」というカタレプシー現象から連想できる意味性は，例えば，リラックスすること（「力を抜くこと」）への葛藤，「（怒りによって上げた）腕を降ろす」ことへの葛藤，「（仕事の能力が落ちるという意味での）腕が落ちる（降りる）」ことへの葛藤，「（周囲の期待に応えられない）自分自身」への葛藤，等々である。また，同時に現れていた喉の辺りのカタレプシー現象（唾を呑

み込む際の引っかかり等によって示されていた）に関しては，「息苦しさ」，「（指示されたことが）うまく通らない」，自分から「話す（離す・分離）こと」への葛藤，等々である。

　こうした催眠誘導に対する心身両義的な反応を通して，Th は，Cl の吃音という症状の背景にあるだろう（と推測される）職場内での人間関係でのストレスや仕事そのものに対する能力への自信のなさと不安，それと同時に出現したであろう「息苦しさ」，「分離不安」等々を Th に非言語的な反応として伝えてきたものと推察された。まさに，コミュニケーション・ツールとしての反応が催眠現象に表わされていたのである。こうした，Cl の苦慮感に対して思いを馳せながら，今度は，Th 側からも現実的な職場でのストレスや Cl 自身の自信のなさに直接触れるのでなく，非言語的なメッセージとして，次のような暗示を組み込みながら催眠誘導を続けたのである。具体的には，Th から Cl に向かって，"あなたは，腕がスムースに降りない感じと喉のひっかかる感じが少し似た感じがあることに気づいていますね？" と「Yes set」（Bandler, 2012）の要領で確認し，そして，Cl の反応を観察しながら，"腕がスムースに降りてくる感じも，あなたはうまく感じることができていますね" と間接的な暗示を続け，Cl が催眠現象で示した問題解決のためのサインを利用して，解決の努力のための方策を誘導暗示に含ませたのである。その際の催眠誘導の実際を紹介すると，

〈軽いトランス下で，「腕下降」暗示に対して右腕のカタレプシーを起こしている Cl に向かって Th は，以下のように Cl の反応を確認しながら〉

Th：今，腕が震えながらも少し降りては引っかかって止まり，また動いて，降りながらも引っかかって止まるという動きをしているのは感じられるよね？

Cl：…〈軽く頷きながら〉…はい……。

Th：じゃあ，その止まったり降りたりする腕の感じに少し気持ちを向けてくれるかな？

Cl：…〈軽く頷きながら〉…はい……。

Th：どう？　どんな感じ？

Cl：うーん……何ていうか…（少しの間）…いやな感じ……。

Th：……止まったり降りたりが？

Cl：……はい…〈腕はカタレプシーを起こしたまま，小刻みに震え同じ動作を続けている〉…〈その内に，深呼吸し始めて〉…ちょっと息が……。

Th：……息がしにくい感じ？

Cl：はい……この感じ……。

Th：……どんな感じ？

Cl：…（少しの間）…うーん……何だか喉が引っかかる感じと似ているような……引っかかり…（少しの間）…また，少し楽に…〈呼吸が少し落ち着きつつある〉…。

Th：そう……腕の降りにくい感じと息がしにくくなる感じが似ているような？……息がしにくくなったり，また楽になったり……？

Cl：はい。そんな感じです…（少しの間）…ああ，腕が少し楽なような…〈と，応えつつ腕の方は徐々に降りつつある。それに応じるように，Clはゆっくりと息を吸い呼吸がさらに楽になりだしている〉…。

Th：今，腕はどう？

Cl：はい。少し楽になって動き出しました。

Th：腕が楽に降り出す感じはうまくつかめているようですね？

Cl：はい。少し楽になって引っかからなくなってきたというか……変な感じです。

Th：腕が引っかからずに下り始めると，気持ちも楽な感じ？

Cl：そうですね……。

Th：じゃあ，もう，この腕もゆっくりと楽に降りる感じを自分でうまくつかめたのをよーく味わってみて下さい……。

Cl：はい……そうですね……楽な感じ…〈と，言いつつ腕は自然に膝まで降りて，そのまま閉眼。深いトランス体験〉…。

Th：そう，そのまま目を閉じて楽ーにしましょう。今，味わった，少し変だけど，楽になった感じ，楽にすることができた感じ……自分の体が自然にしてくれた感じ……そんなことを感じながら，ゆっくりと楽に呼吸しながら，少しずつ深ーい，リラックスした感じを味わっていきましょう……。

Cl：〈Clはゆったりとした感じでトランスを楽しんでいる〉

Th：今，とても楽な感じを味わっています……腕の力が程よく抜けてゆっくりと楽に降りてきた感じ……十分に味わってみて下さい……。

Cl：〈無言で頷きながらトランスを楽しんでいる〉

Th：……今日，あなたは自分にとって，とっても大切なことに気づくことができました。この感じは自分でした感じがしないくらい自然にできたことです

……でも，あなたの体がしっかりと覚えてくれているのでいつでもどこでも思い出すことはできます。普段，忘れていても，何か必要な場面では不思議と思い出すことができます…（間）…じゃあ，そのまま，楽な感じを十分に味わってみて下さい。もう，十分味わえて良いなと思ったら合図をして下さい…（後略）…。

　以上のようなやり取りで催眠誘導を進め，次第にClの安心できる"守りの空間"としての「催眠トランス空間」が作り上げられたのである。

　以上，コミュニケーション・ツールとしての催眠現象を利用しつつ，催眠療法を展開させていった実例を紹介した。事例を見てもわかるように，Clがまだ言語化できない，つまり，「語り」として表現できない前意識的・無意識的な思いが，催眠やイメージの中で現象として表現され，体験されていることが理解されたと思う。催眠やイメージがClの無意識に届くコミュニケーション・ツールとして機能していることを示していた良い例である。

　しかし，ここで重要なことは，こうした催眠誘導やイメージの中で示された心理社会的要因を象徴する催眠反応やイメージ体験に対する分析や解釈は行わないことである。あくまでも，催眠中に示された反応を"反応のまま"，"体験したまま"の状態で，「催眠トランス空間」内で，その反応への対処行動をとれるように援助し進めることなのである。それが，Clのリソースを活かし，Cl自身の「自己支持の工夫」（松木，2003）を高めることに繋がるということなのである。重要なことは，Clが催眠誘導過程で示す反応は，Thの「語り」としては表出されないものの，今，まさに「語り」（言葉）になろうとしかけている「現在進行中のClの体験」（Bandler, 2012）をThにメッセージとして伝えているという理解をすることである。

　同時に，催眠誘導過程での反応はClにとっては，「体験の再処理過程」であることを理解しておくことも重要である。したがって，それをThが意味づけたりするのでなく，Clの中でその「体験の再処理」が主体的に意味づけられていく過程が大事なのだと私は考えている。実際，このケースの場合も，過緊張に伴う吃音状態の意味するものが，職場での人間関係だけでなく家族関係の象徴でもあったことが，「語り」として面接中に表現されたのは症状が緩和された後なのである。

文　　献

Bandler, R. & Grinder, J.（1975）Patterns of The Hypnotic Techniques of Milton H. Erickson, M. D. Volume 1.（ミルトン・エリクソンの催眠テクニック1 【言語パターン編】. 春秋社.）

神田橋條治（2011）技を育む―精神医学の知と技. 中山書店.

松木繁（2003）催眠療法における"共感性"に関する一考察. 催眠学研究，47(2); 6-11.

松木繁（2012）催眠療法. In：衣斐哲臣編：心理臨床を見直す"介在"療法―対人援助の新しい視点. 明石書店，pp.141-153.

松木繁編著（2017）催眠トランス空間論と心理療法―セラピストの職人技を学ぶ. 遠見書房.

第3章

Th が催眠現象（催眠誘導に対する Cl の反応）を Cl － Th 間のコミュニケーション・ツールとして活用するために必要な"観察とペーシングのコツ"

　次に，Th が催眠現象（催眠誘導に対する Cl の反応）を Cl － Th 間のコミュニケーション・ツールをとして活用するために必要な"観察とペーシングのコツ"について触れておきたい。

　催眠療法とは言え，心理療法であることには違いないのであるから，基本的には一般的な心理療法における Th の共感的な態度や臨床姿勢が求められるのは言うまでもない。いわんや，催眠療法がスピリチャルな感性や魔術的な技法のように特殊能力を必要としていると考えるのはもってのほかである。ただ，催眠療法の場合，他の言語面接を主とする心理療法と異なるのは，その"場"が催眠状態（トランス）を介していることである。したがって，Th が催眠現象（催眠誘導に対する Cl の反応）を Cl － Th 間のコミュニケーション・ツールをとして活用するために必要な"観察とペーシングのコツ"を学ぶためには，Th 自身が催眠現象そのものを実際の体験として体感的に実感していること，できるならば，Th 自身も被催眠状態への没入体験（例えば，催眠性健忘の体験や後催眠暗示効果の体験）を行っていることが最低限の条件かもしれない。そうした前提条件をもとに本章は書かれているので，そのつもりで読み進めてもらいたい。

催眠誘導過程における Cl の観察と観察に基づくペーシングの"コツ"

1）観察とペーシングのあり方──"動的モデル"感覚を身に付ける
　「観察とペーシング」は催眠療法においては必須の技法的アイテムであるが,その際の"コツ"として重要なのは，眼前の Cl は"有機的で統一的であること"を理解して，催眠トランス内での Cl のさまざまな心身の変化を，"動的モデル"の

観点から観察を行うことである。いささか理解し辛い言葉から入ったので，面食らっているかもしれないが，催眠誘導過程における Cl の行動観察で重要なのは，催眠暗示に対する Cl の反応の一つひとつがばらばらに起こっているのでなく，内的には動的統一性を，外的には行動変容のための活動性を持っていることを意識しながら，"動的モデル"感覚で観察とペーシングを行うことなのである。

　さらに，難解な説明になったかもしれないが，要は，Th が，催眠中に観察できた Cl の反応は，その瞬間は一つの事実として説明できるが"静止的"ではなく，その反応の意味が理解された瞬間にはすでに次の動きを持って新たな次の状態へと変化するということを Th は体験的に理解しておくこと，つまり"動的モデル"として理解すること，が重要だということである。そして，常に動的に展開している反応は，決してばらばらに動くのでなく，何らかの原理に基づいて（清水，1990）統一性を持って動き，かつ，何らかの法則性のあるリズムを持って（中村，1992）動くということなのである。

　ちなみに，筆者は，「催眠トランス空間論」における"治療の場"は共感的な関係性に基づく Cl － Th 間の共有空間であり，その場での Cl の体験は日本的"場"における体験との共通点が多いと拙著（2017）で詳述した。日本的"場"の哲学（西田，1991）による考え方では，"場"とは「経験をしたその瞬間における経験（純粋経験）においては，主観と客観とは分かれておらず，「主客未分化」，「自他非分離」である。そして，「主客未分化」，「自他非分離」の状態を内部に包み込むものを「場」とした」（西田，1991）とされており，さらには，「生命体は『自他非分離』の"場"の中で生きていく」（西田，1991）とし，加えて，その"場"の中では，「動的秩序を自立的に形成する関係子」（清水，1990）が「互いに相手に影響を与えながら互いの関係性を調和させる働き」（清水，1990）を自律的に行いながら「秩序を自己形成する」（清水，1990）とし，「共通感覚を持ったものどうしのリズムの共振」（中村，1992）がその"場"では起こっているのだとされている。こうした日本的"場"の理論に依拠しつつ「催眠トランス空間」での Cl の体験を考えてみると，外側から観察できる現在進行中の Cl の体験をフィードバックするだけでなく，「身体を巻き込んだ"丸ごとの体験"を行っている Cl の体験」（松木編，2017）や，Cl の精神内界で起こっているであろうと推測される「観察できない現在進行中の Cl の体験」（Bandler, 1975）にも共感しつつ，それをフィードバックしながら観察とペーシングを行うことが必要である。そのためには，「Cl の話し方の調子や統語法，テンポを利用し，自分の姿勢や呼吸数，し

ぐさを調整して Cl のそれに合わせようとする」(Bandler, 2001) エリクソンのような作業が必須のものとなるのである。

また、日本人の心理臨床を行う場合に重要な点は、Cl の「語り」の多義性表現の中には心身両義的なものが非常に多くなるという事実である。例えば、怒りの感情 (攻撃的感情) の抑圧は、「頭に血が上る」、「胸が痛い」という心臓脈管系の身体感覚を使って表現されることが多いし、現実生活での活動に行き詰まった場合や対人関係での関係性の悪さへの不安に対する Cl の「語り」は、「息が詰まる (=行き詰まる)」、「風通しが悪い」等の呼吸器系の身体感覚を伴って表現される。さらには、甘えと攻撃との両価的な感情の抑圧が消化器系の身体感覚で表現されると、「うまく呑み込めない」、「はらわたが煮えくり返る」等の「語り」となって表現される、等々である。

催眠誘導過程においては、こうした「語り」に象徴される身体反応が逐次生じていると考えるのが妥当と考えられるため、観察やペーシングの注目点はそうした「語り」で表現される部位に焦点を合わせておくのも重要な"コツ"である。そのためには、『ことばと身体』の著書の中で尼ケ崎 (1990) が「知られる意味」と「理解される意味」の違いの説明の中で示しているような感覚をまさに体感として理解されていることが Th には必要となる。

尼ケ崎 (1990) によれば、「『知られる意味』とは主題にカテゴリー (普遍概念) を結びつけたものであり、合理的・客観的な意味」を指し、「『理解される意味』とは、私達の『頭』でなく、『腹』や『臓腑』で掴み取るものである。それは主体なしに (客体として) 流通しうるロゴス的意味ではなく、主体の身構え (身が前) と切り離しえない『らしさ』の意味である」ということになり、身体感覚的な、ある意味では、臓器的な感覚で人の体験を受け止めていく必要性を説いている。こうした感覚は、催眠療法中における Cl の観察やペーシングには必須の感覚と言えるのかもしれない。特に、日本人の言語表現には心身両義的な表現が多いことを考えると、なおさら、こうした感覚で Cl の問題や症状の訴えに注目する必要があると考えられる。

したがって、催眠療法中における Cl の観察やペーシングは、外側から客観的事実を見極めようとする観察だけではなく、Cl の内側から発せられる、あるリズムを持った動的なものとして"動的モデル"で観察・ペーシングすることが重要だということなのである。そうした観点で、催眠誘導に対する Cl の反応を見ていると、Th はその反応への適切な対応ができ、行動変容を自ら起こそうとする Cl に

対して的確な催眠誘導暗示が続けられるのである。

　ただ，この点については，かなり詳細な説明が必要になるので，拙著（松木編，2017）の第5章に記した，「『壺イメージ空間』と『催眠トランス空間』─日本的"場"理論と日本的感性」のところで，日本的"場"理論との関連で説明を行っているので参照されたい。

2）キャリブレーション──Clとの共体験感覚

　催眠療法の技法研修会などで，私は「観察とペーシング」の"コツ"について説明を行う際に，効果的な催眠療法を行うために必要な観察は，上記に示したように，Thが外側からの観察において客観的に説明のできるような観察を行うのでなく，Clの内側で起こっている体験を描写できるような観察の必要性を説いてきている。時には，それを「内（側）からの観察」と表現したり，Sullivan, H. S.（1990）の言葉を引用して，「関与しながらの観察」と表現したりしてきたが，伝えるのが非常に難しいことを実感している。

　そこで，最近はNaomi Feil（2001）の考案したバリデーションからの言葉を引用させてもらって，「キャリブレーション」（感情を観察し，一致させる）という言葉で説明を行うようにしている。それは，催眠療法の中では，「Clの心身の活動に焦点を合わせて，Clの心身の状態とThである自分の心身の状態を一致させながら観察・ペーシングを行う」（松木編，2017）とでも言うのだろうか。そんな観察の態度のことを指して言っているのである。

　Naomi Feilの行うバリデーション・ワークのビデオを観る限り，その手法は催眠誘導過程で筆者が行うClとの関わり方に共通するものがある。彼女が認知症患者の立場に立って，その感情に寄り添う形で，かつ，認知症患者の，表面上は観察できないが何らかの彼らの過去体験と繋がりつつ現在進行中の体験を描写する形で共感を深めている姿に，私は感動させられた。こうした姿勢でClの観察やペーシングを行うことは催眠誘導技法においても重要であると実感し，催眠技法研修会などでもその点を強調するようになったのである。

　ちょうど，Bandler, R.（1975）がエリクソンの催眠誘導の様子を，「エリクソンは自らを高機能のバイオフィードバック装置に仕立てている…（中略）…そして，しばしばClの話し方の調子や統語法，テンポを利用し，自分の姿勢や呼吸数，しぐさを調整してClのそれに合わせようとする」と述べているその姿と，Naomi Feilが行うバリデーション・ワークの様子とには多くの共通点を感じさせられる

のである。そして，催眠誘導をする際の Th にも，そうした姿勢が必要だと私は考えている。

余談だが，Naomi Feil はエリクソン財団での研修を受けた経験を持ち，NLP などにも精通していたと娘の Vicki de Klerk-Rubin（2016）から直接聴いて私は納得した次第である。

3）リフレクション——催眠誘導過程での Cl － Th 間の相互作用への注目

この言葉も私が催眠療法の技法研修会などで，観察とペーシングの際に，意識しておくことが重要だとして説明を行っている技法上の“コツ”の一つである。拙著（松木編，2017）の第6章（pp.65-66）にも示した，「Cl の催眠への関わり方の変化と Cl － Th 間の共感的な関係性や相互作用の変化」の図の中で，双方向の2種類の矢印で示した部分が実は催眠療法における Cl － Th 間の相互作用を表したものである。ここでの相互作用の展開過程も臨床上，重要な意味のあるやり取りになることを，観察とペーシングの際には十分に理解しておくことが重要である。

このリフレクションという言葉は，非指示的カウンセリングにおける「応答」という概念であるが，私がこの言葉を使う際はフォーカシングにおける「応答」を意識して使っており，リフレクションによって Cl の体験過程が促進されるような対応の仕方を強調して説明している。先にも述べたように，「催眠療法における観察とペーシングは“動的モデル”で行われていないと，Cl の無意識とのコミュニケーション・ツールとしての機能は十分ではない」と示したが，Cl の体験過程が促進されるような Cl － Th 間の相互作用が催眠誘導過程中に展開していないと効果的にはならないのである。特に，催眠誘導過程における Cl の反応について，Th が催眠状態下で「応答」する場合には，眼前での Cl の示す反応の心身両義的な意味や，その反応から連想される Cl の日常での行動（例えば，職場での行動など）についても同時に思いを馳せながら「応答」してペーシングしていくことが求められるのである。例えば，職場適応の困難さを抱えて，それが心理社会的な要因として情動反応を起こし過呼吸などの症状を発症する事例などでは，催眠誘導を行い始めた際には呼吸器系の反応が特徴的にみられることが多く，通常，リラクセーション誘導などで得られるはずの“深く静かな呼吸”は得られないで，“浅い呼吸”をしながら“息苦しさ”を体験する場合があったりする。その際に，Th は，その反応は身体表現を通した Cl の「応答」だとまず捉えるのである。そして，

Cl が職場内での「息苦しさ」や「風通しの悪さ」として苦慮感を催眠中に再体験し実感じている様子に共感し，今度は，Th から，"深い呼吸をしようとするのに，少し，息が引っかかる感じがしているね？"と「応答」するのである。もし，それに対する Cl の「応答」が"頷き"という反応や"はい"という肯定的な返答であった場合は，「応答」を通した形で Cl － Th 間の相互作用が展開し始めているということであり，その後，Cl － Th による協働作業として，呼吸を整えるための催眠誘導過程を進めることができていくのである。

　つまり，「Cl の心身の活動を過去や（未来の）出来事と照らし合わせながら，その意味にまで思いを馳せながらペーシングすること」（松木編，2017）という意味合いで，私は，このリフレクトという表現を好んで使っている。

4）語られない言葉への注目──観察できない現在進行中の Cl の体験への共感

　この点は序文のところでも述べたが，催眠現象（催眠誘導に対する Cl の反応）を Cl － Th 間のコミュニケーション・ツールとして活用するためには，「語られない言葉への注目」が重要である。それは，Cl の「語り」に傾聴しつつも，「語られない言葉」から醸し出される Cl の思いに Th 自身も同時的に思いを馳せてみると，Cl がまだ言語化できていないが，「今，まさに言葉になろうとしている現在進行形の体験」（Bandler, 1975）が Th にも生々しい体験として感じとれるようになるからである。的確な言語表現としての「語り」としては表出されないものの，今，まさに言葉になろうとしかけている"現在進行中の体験"を Cl は催眠トランス空間の中で"無意識的なメッセージとして"Th に伝えているという理解をすることが重要なのでる。

　催眠誘導過程において Cl が示す反応の多くは，この「語られない言葉」に象徴的に示された内容が含まれることが多く，それを催眠誘導暗示として利用していると，それが効果的な臨床適用暗示となって Cl に伝わっていくことがよくわかる。神田橋（2011）がミルトン・エリクソンの言葉として言っているように，「意識化されたものは魔力を持ち得ないとの精神分析の知恵は，意識下への暗示が力を持つという事実」を物語っているのであって，それゆえに，「催眠トランス空間」において扱うべきは Cl に意識されていない，つまり，「語られない言葉」で象徴されるものを利用するのが最も臨床的で有効な暗示（「間接暗示」）として機能するのである。

5）フラクタル——Cl の体験を多重的・多層的な表現として受け止める

これも催眠療法を効果的に行う際に重要な技法的アイテムである。「催眠トランス空間」内では，Cl の体験が"多重的"で"多層的"な様相を呈しながら起こっていることについては，先の章で示した通りであるが，この Cl の表現する"多重的"で"多層的"なメッセージを的確に掴み，コミュニケーション・ツールとして活用するためには，Th は Cl の示す反応をフラクタルに受け止める必要がある。フラクタルとは自己相似性という意味である。「部分」が「全体」を表わし，「全体」が「部分」を表わし，相似形の連続を形作っている様を表している。

これを催眠療法の観点で言うと，催眠における Cl の反応（例えば，観念運動での動き）は，眼前で反応している Cl の現実を表現しているし，また，「精神内界でのありよう」をも象徴的に示しているし，また「身体内でのありよう」とも象徴的に関係しているということになる。また，「眼前の Cl 像」は「家で（または学校，会社で）生活している Cl 像」とパラレルに関係し影響し合い，それらは全て相似的に理解されるという意味なのである。拙著（松木編，2017）の第6章で示したパーキンソン病の事例において，「血が通う」という言葉が実際の身体的な表現であると同時に人間関係のことを象徴的に表していることがその一例である。

6）アフォーダンス——Cl のリソースを引き出すための観察とペーシング

アフォーダンスは空間の操作的意味を表す心理学用語である。環境デザインを専門にする槙（2004）の言葉を引用してアフォーダンスという概念で人や動物の行動を言い表すならば，「『何ができるか』は私達の頭の中にはなくて，動物が環境を眺め回したり触ったりしている内に『何ができるか』が見えてきて，環境と相互作用をしながら行動している」と説明できるとしている。

この考え方を基にして，人の行動を改めて考え直してみると，これまでとは異なった印象で，Cl が外界を受け止めたり自身の身体や心にどのようにして注意を向けようとしているかが浮き彫りにされてくる。槙の言葉を再度借りて説明するならば，「私達は『目で見ているのではなく』，『（環境からの情報によって）見せられている』，『耳で聴いているのではなく，（環境からの情報によって）聴かされている』と考える」とのことである。確かに，人は，視覚・聴覚の選択性，知覚の選択性を有しており，そうして考えてみると，催眠誘導過程における Cl の反応も Th の"ある言葉"や"ある態度"に反応して形成されている可能性が高く，Th は，Cl がどの言葉や態度に反応しているのかという視点で観察とペーシングをす

ることで，Cl の反応を "動的モデル" で見ることが比較的容易になると考えられるのである。と同時に，Th が催眠誘導を進める際の言葉かけにも大きく関係しているのである。

　催眠誘導過程において，間接暗示を有効に使うためには，「観察できない現在進行中の Cl の体験を描写する」ことが重要になると先に述べたが，そのためには，指示指標のないフレーズ，例えば，「ある感覚が……」といったような曖昧表現などを使うと，その言葉刺激に誘発されて，Cl は「自分にとっての必要なもの（「ある感覚」という言葉に刺激されて）」を導き出すことになっていくと考えられるのである。これは，Cl が自身のリソースを "無意識的に" 利用する作業に繋がり，新たな対処行動としての "自己支持の工夫"（松木，2003）を産み出すきっかけになっていると考えられるのである。

　以上，非常に簡潔に催眠現象を Cl − Th 間のコミュニケーション・ツールとして活用する際の "観察とペーシングのコツ" を述べた。

文　　献

Bandler, R. & Grinder, J.（1975）Patterns of The Hypnotic Techniques of Milton H. Erickson, M. D. Volume 1.（ミルトン・エリクソンの催眠テクニック 1　【言語パターン編】．春秋社）尼ケ崎彬（1990）ことばと身体．勁草書房．

de Klerk-Rubin, V.（2016）鹿児島大学におけるワークショップ会場にて．

Feil, N.（1983）V/F Validation the Feil Method. Ecompasses Fantasy.（藤沢嘉勝ほか訳（2001）バリデーション―認知症の人との超コミュニケーション法．筒井書房．）

神田橋條治（2011）技を育む―精神医学の知と技．中山書店．槙究（2004）環境心理学―環境デザインへのパースペクティブ．春風社．

松木繁（2003）催眠療法における "共感性" に関する一考察．催眠学研究，47(2); 6-11.

松木繁編著（2017）催眠トランス空間論と心理療法―セラピストの職人技を学ぶ．遠見書房．

中村雄二郎（1992）臨床の知とは何か．岩波新書．

中村雄二郎（2000）共通感覚論．岩波現代文庫．

西田幾多郎（1911）善の研究．弘道館．（復刊：岩波書店，2012）

西田幾多郎（1987）西田幾多郎哲学論集 1 ―場所・私と汝．岩波文庫．

清水博（1990）生命を捉えなおす―生きている状態とは何か．中公新書．

第 **4** 章

壺イメージ療法における
　コミュニケーション・ツール機能と体験様式

Ⅰ　コミュニケーション・ツールとしてのイメージ機能
——壺イメージ療法の経験から

　本章では，私が催眠療法における臨床姿勢を大きく変換させるきっかけになった壺イメージ療法でのイメージ内容やイメージ体験がコミュニケーション・ツールとしてどのように機能していたかについて，イメージ内容の側面とイメージの体験様式の変化という観点から述べることにする。筆者の壺メージ療法との出会いや，そのことから受けた影響についての詳細は，拙著（松木編，2017），第5章を参照されたい。

1）心理療法におけるイメージのはたらき

　イメージは，その内容理解がクライエントの内的世界を知るコミュニケーション・ツールとして機能するため，これまでさまざまな理論的立場や方法論のなかで，主に，クライエントの心の世界を深く理解する目的で臨床的に活用されてきた。特にユング派においては，「（夢などと同じく）概念的に洞察し得ない深層の象徴」（Jung, 1964）として，単なる個人的な問題に関するものとしてだけでなく，普遍的な根本概念と機を一にするものとして非常に重要視され，臨床適用されてきている。

　しかし，イメージの臨床適用に関しては，そうした内的世界の理解といった内省を重視した利用ばかりでなく，狭義の意味でのイメージ適用から芸術療法的側面からの適用，さらには，行動変容を目指すための行動療法を効果的に進めるツールとしてのイメージ活用まで，さまざまな理論的立場や方法論から多角的に利用されている（水島，1984）。

第 4 章　壺イメージ療法におけるコミュニケーション・ツール機能と体験様式　　53

　ここでは，その一つひとつに踏み込んで説明はできないので，筆者がこれまで主に臨床実践してきた指定イメージ技法である「壺イメージ療法」について，事例を提示しながら述べていくことにする。

2）指定イメージ技法におけるコミュニケーション・ツールとしてのイメージ利用

　わが国におけるイメージ技法は，催眠下でのイメージ面接を行った成瀬悟策（1959）の研究に始まっていると言える。そのなかで実践されていた技法は，催眠夢，スクリーン法，心像連想法，イメージ減感法などの，いわゆる「心像誘導法」といわれるものであった。これらの技法はその後も催眠療法のなかでは利用されてきているが，それとは別にわが国のイメージ技法の特徴的な展開は，わが国独自に開発された三角形イメージ体験法（藤原，1980）と壺イメージ療法（田嶌，1987）が生まれたことである。これらの技法は，クライエントが視覚的に何を見たかという「イメージ内容」の展開を重視するだけでなく，クライエントが視覚的イメージを通してどのような体験をしたかという「イメージ体験」に注目していることにある。そうした観点に加えて技法的な工夫を行った指定イメージ技法として「壺イメージ療法」が開発された。

3）壺イメージ療法とは？──壺イメージ療法の標準的手続き

　紙面の都合上，詳細には書けないが，壺イメージ療法の標準的手続きは次の通りである。

①導入準備：「内界志向的構え」の形成とリラックスによる導入準備。
②壺イメージ導入：「何か心の中のことが少しずつ入っている壺または壺状の容れ物」を思い浮かべる。
③壺の中にちょっと入ってみる→壺の並べかえ：イメージされた壺の中にちょっと入ってみて，中の感じを少しだけ味わって外へ出る。その後，入りやすいものの順に壺を並べかえる。
④壺の中にゆっくりと入りておく：壺の中での（身体感覚優位な感覚を）十分に感じる，味わう。
⑤蓋をする：十分に味わった後その感じを中に置いて蓋をする。
⑥距離をとる。

⑦次の壺へ，または終了。

　以上が標準的手続きである。さまざまな象徴的意味を感じさせる「壺」という視覚的イメージの利用，安全弁としての「壺」の機能の利用，スモールステップな技法的工夫，イメージの中に自身がコミットしてイメージ体験を繰り返していくという発想など，標準的手続きを見るだけでも大変ユニークで興味深いことがうかがえることと思う。

4）壺イメージ療法におけるコミュニケーション・ツールとしての「壺」イメージの機能

　ここでもう少し，壺イメージ療法の技法的特徴について述べることにする。この技法が開発される過程において田嶋誠一（1987）は，「イメージの体験様式の変化」とそれを支えるクライエントの「心的構えの変化」が，イメージ療法の共通の治癒原理として重要であることを示した。また，これらの変化を支えるものとして安定した Cl － Th 関係の構築の必要性も強調された。こうしたイメージ療法の共通の治癒原理を見出した田嶋（1987）は，これに加えて，壺という「内包的・保護的イメージ」の利用によって，クライエントの危機的体験が急激に進行することを防ぐ安全弁を備えた技法として，本法を創案したのである。

　こうした技法的工夫がなされた本法では，心の比喩としての「壺」のもつ内包性・保護性・安全弁効果が発揮されるため，「（身体感覚優位な）壺の中での非言語的体験」（注：括弧内は引用者の補語）が得やすいのである。コミュニケーション・ツールとしてのイメージ機能という観点から言うならば，こうしたイメージ体験は，視覚的な意味での象徴性と相俟って，Cl にとっての問題や症状に対する意味性，それらの問題解決のために必要なサインとして機能すると考えられる。また，イメージ中における「壺」への出入り性は，Cl の「体験様式（または体験的距離）の自己コントロール」を育成する働きがあるのだが，この点についても，コミュニケーション・ツールとしてのイメージ機能という観点からいうならば，Cl が問題解決するための「適切な努力の仕方」のサインとして壺への「出入り」という行為のなかで示されているように思われる。

5）ある事例から──壺の中での非言語的体験とその臨床的活用

　次に，重症アトピー性皮膚炎を伴う不登校女子生徒へ壺イメージを適用した旦

休的な事例を簡単にあげたいと思う。壺の中での非言語的体験がコミュニケーション・ツールとして機能し，Cl にさまざまな気づきをもたらしたケースである。

　＃１では，「"アツい"感じ」の壺，「あまり何も感じない」壺，「涼しい，さっぱりとした感じ」の壺の３つの壺がイメージされた。並べかえさせると，"アツい"感じ」の壺→「涼しい，さっぱりとした感じ」の壺→「あまり何も感じない」壺の順になった。１つ目の「"アツい"感じ」の壺から順に入ったのだが，この壺では Cl は，皮膚炎の炎症のひどくなった時に伴う不快な身体感覚の「熱い」「暑い」感覚を感じ，その時の感じが感情的に興奮する際の「アツい」感じと似ていると言い，不快なのですぐに出て，次の「涼しい」「さっぱりとした」感じの壺に入った。その壺に入ることで，身体的にも精神的にも癒され，「すっきりした」と言い，壺から出てくることができた。

　壺イメージ療法でのセッションの一例だが，本法を臨床適用していると，必ずといってよいほど，「good な感じの壺」と「bad な感じの壺」とが出現し，また，身体感覚優位な非言語的体験が得られている。このケースでは，同じようなセッションがその後も続き，次第にそうした身体感覚の意味をクライエントなりに意味づけ，「弟ばかり可愛がる母親への（自身の）両価的な感情」が「アツい感じ」と「涼しい感じ」の体験を通して感じられ，最後には自己コントロールされていくことができた。結果，症状が大きく緩和され再登校も可能になったのである。
　このように，壺イメージ療法においては，「壺」という視覚的イメージが単なるイメージ内容だけでなく，身体感覚を含む丸ごとの体験がイメージ体験で得られ，それらがコミュニケーション・ツールとしての機能を果たしていることが，特徴として理解できることと思う。

Ⅱ　体験様式の変化をコミュニケーション・ツールとして活用する意義について——壺イメージ療法の心理臨床への貢献という観点から

　壺イメージ療法の技法の一つひとつが Cl － Th 間の"体験的な"コミュニケーション・ツールとして機能していることが理解できたかと思う。ここで，あえて，"体験的"という言葉を入れたことに注目をして頂きたい。先にも述べたように，従来からのイメージ療法がどちらかと言うと，Cl の作り出すイメージ内容を Cl － Th 間の重要なコミュニケーション・ツールとして臨床に活用していたのだが，壺

イメージ療法では，イメージ内容だけではなくイメージ体験にも注目して，その体験様式の変化のきっかけとして Cl の作り出すイメージ体験をコミュニケーション・ツールとして活用したことに大きな意義がある。こうしたイメージ体験を重視するイメージ療法の考え方は，田嶌に限らず，すでに，藤原（1980）が「三角形イメージ体験法」の開発を通して示したのだが，わが国独自の臨床技法となっている。そうした観点は，壺イメージ療法における"治療の場"作りの工夫にも示されており，それらは，わが国独自の観点を有しているとも言える。

　筆者が「催眠トランス空間論」で示した，"治療の場"を Cl － Th 間の共感的な関係性に基づく共有空間として位置付け，その"場"が，わが国独自の自然観や人間観に根差していることは筆者自身の幼児期からの自然体験に根差していることもさることながら，壺イメージ療法での体験から学んだことも大きいと筆者は考えている。そうした意味で，改めて，ここで再度，壺イメージ療法の心理臨床への貢献という観点から，体験様式の変化をコミュニケーション・ツールとして活用する意義について考えたい。同時に，Cl － Th 間のコミュニケーション・ツールとしてイメージ体験を効果的に活用するために必要な心理臨床家の臨床観・人間観について触れることで，その意義も理解されることと思うので，まずは，心理臨床家の臨床姿勢に関する論述から入っていくことにする。

　1）Cl をセラピィの中心に据え，Cl のこころを安全に守ることに専念すること
① "Cl に寄り添う"という臨床姿勢を体験的・実践的に学ぶ
　ここに掲げたテーマは，心理臨床家として，当然，身に付けているはずの心構えであり，今さら何をと思われるかもしれないが，実際はなかなか難しい。われわれは決して○○療法とかにこだわって Cl に接している訳ではないが，それでももっぱら自分たちの治療理論に即して Cl と接していることが多く，セラピィの中心は，決して意図的ではないにしても，Th 側に置いていることが多い。Cl のこころを安全に守ることに専念するためには，実は，臨床のあらゆる場面で Cl 側からの立ち位置でものを考え，Cl のニーズを汲み取り，そして，Cl が主体的に解決しようとする「適切な努力」（増井，1987）に応じて援助をする姿勢が最も大切なのである。こうした心理臨床の基礎の基礎とも思える臨床姿勢を育成するのに，壺イメージ法は非常に役立つのである。この技法に関心を持つ読者はすぐに気づかれると思うが，Cl が「イメージした壺の中に入る」という技法の設定は，実は，Cl をセラピィの中心に据えないと出てこない発想なので，Th はイメージの中で

壺に入ろうとする Cl の動きやその思いに Th 側からの意図的な観察的態度でコミットしようとするのでなく，Cl の体験に寄り添う自然で共感的な態度で Cl の体験にコミットするようになるのである。時には，"入れない"と言って尻込みする Cl もいれば，壺の中に入って"出られなくなった"という Cl もいる。さらには，筆者の壺イメージ法適用のイニシャルケース（松木，1987）のように，Th の期待に応えようとして"無理をして入る"（結果は喘息発作を誘発したのだが……）という Cl もいたりする。Th は，そのようなことを Cl とともに何度も繰り返すうちに，Cl のその時々の反応に自然と，しかも適切に応じて対処しようとしている，「（Th としての）自分」がいることに気づくのである。こうしたことが自然に行えるのは，この技法が Cl のイメージ内容を扱うのでなくイメージ体験を扱う技法だからなのだが，いずれにしろ，Th は，この技法を通して，"Cl に寄り添う"という臨床姿勢を体験的に学ぶことができるのである。

② 「注文をつける能力」，「工夫する能力」という視点から心理臨床家が学ぶこと

　同様の観点からの論述になるが，田嶌は，壺イメージ法の運用の原則の中で，Cl の「注文をつける能力」，「工夫する能力」を Th が育成することの重要性を強調する。そのために，Th は，「患者の状態や気持ちに対する治療者の内的感覚や推測が重要な役割を持つ」（田嶌，1987）ことが大切であるとしている。Th 側からの論理で言うならば「抵抗」，「抵抗処理」とするところを，田嶌はクライエントの主体的な"能力"を尊重する形で「注文をつける能力」，「工夫する能力」と呼ぶ。ここにも，Cl をセラピィの中心に据えて臨床に臨む田嶌の「臨床観」，「人間観」が垣間見えるのである。

　こうした観点は，神田橋ら（神田橋・荒木，1976）の「自閉の利用―精神分裂病者への助力の試み」や増井（1987）の「症状に対する患者の適切な努力」とも共通の視点と考えられるが，Cl に働きかける際の主体の置き方や Cl なりの努力のペースを尊重することの重要性を示しており，学ぶところが大きい。

③ Cl のこころを安全に守ることに専念する臨床姿勢を体験的に学ぶ

　このテーマも多くの臨床家にとっては今さらという印象であろう。しかし，壺イメージ法の技法設定を細かく見てみると，前述したように，心理臨床家としての田嶌が，いかに人のこころを"安全に守る"ことに専心しているか，さらにはクライエントの"生き様"を臨床の中心に据え，彼らの主体的な"能力"を信じて止まないかを実感することができるはずである。それは，田嶌がこの技法の開発を精神病圏や境界例などの重篤なケースへの臨床適用を目標にしていたことと無

関係ではない。さまざまな行動化や自我の崩壊の危機にさらされたClのこころを安全に守るためには十分すぎる配慮が必要とされたのであろう。以下，Clのこころを安全に守るために田嶌が工夫した技法的配慮について具体的に見てみよう。

　まずは，安全性の高い治療構造とそれを支える臨床姿勢についてであるが，もともと，この技法の成り立ちは，「イメージの体験様式の自己コントロールを主軸とし，かつ危機的体験が急激に進行しないような『安全弁』を備えた技法」（田嶌，1987）を志向しているのだから，この技法がClにとって安全性の高い技法的配慮がなされていることは言うまでもない。しかし，壺に象徴された内包的・保護的空間としての壺イメージを活用しているからその安全性が保たれているのではなく，技法全体の構成の中にその空間の安全性が守られるような工夫や配慮がなされていることをわれわれは臨床家として学ぶことが重要である。

　それは中井（1987）が指摘するように，「安全弁」を持つということは逆にClにとっては「暴露弁」ともなり得るからである。具体的な配慮や工夫を見てみよう。たとえば，「壺に入る，出る」，「蓋をする」という出入り性の活用，「壺の中にちょっと入ってみる」，「入りやすいものの順に並べかえる」などといった体験的距離のコントロールを育成する段階的な技法の構成，さらには，Clの性急な言語化を保留し，スモールステップで行うことなどもその一例である。クライエントの安全性を守るためにどれだけの細かい配慮や工夫が必要かをわれわれに教えてくれている。

　これらの点に関する指摘はこれまでも述べてきたことである。しかし，今，改めて考えてみると，複数の壺をイメージさせたことの意義も非常に大きいことに気づく。これは何気ない発案のように思えるかもしれないが，Clの抱える問題や症状を単一のものとして限定的に受け止めるのでなく，複数のものとして多層的に捉えようとする田嶌の「臨床観」，「人間観」がここでも垣間見えるのである。さりげない態度ではあるが，Clには，「人間，いろいろあっていい」という安心感を得られるような，癒されるような心理的な“場”がそこには作られる。心理臨床の“場”をCl－Th間の共感的な関係性に基づく共有空間として構築することの大切さを教えてくれている。また，問題や症状を複数のものに分ける作業はClにとっては心の整理を主体的に，しかし，無理なく自然に行えるようにしてくれている。こうした工夫や配慮が臨床家には重要なのである。心理臨床家が最も大切にしたい態度である。

２）Th が，Cl の悩みを心身両義的な“丸ごとの体験”として受け止めることから学べること

①心身両義的な“丸ごとの体験”をそのまま受け止めることの意義──「知られる意味」と「理解される意味」

　壺イメージ法を実践してみると実感できることであるが，壺の中での Cl の体験はその多くが視覚優位に展開するよりも体感優位，特に，心身両義的な意味を内包する“丸ごとの体験”としてなされることが多い。こうした非言語的体験の臨床的活用の意義についても筆者は他の著作の中で実例を示しながら述べている（松木，2001）。特に，アトピー性皮膚炎を伴った不登校女子生徒への事例で示された，壺の中での「アツい」体験は，皮膚炎の炎症がひどくなった際の不快な身体感覚としての「熱い」，「暑い」であると同時に，「弟ばかり可愛がる母親への両価的な感情」に伴う（感情的な）「アツい」状態を同時的に示していた。そして，この「アツい」体験に拮抗する体験をもたらす壺として，段階的に「何も感じない壺」，「涼しい感じの壺」，「冷たい感じの壺」が登場し，この Cl はこれらの壺でのイメージ体験を通して体験的に（心身両義的に）癒されていくのである。これは一例であるが，Cl の体験を“丸ごとの体験”としてそのまま抱えることは，Cl の抱える問題や症状の多重で多層な側面を抱えつつ「こころ」を受け止める作業でもあり，心理臨床家としては非常に重要な意味を持っている。心身両義的な体験を通しての Cl の「語り」は，尼ケ崎（1990）の言葉を借りて言うならば，まさに，「私達の“頭”でなく，“腹”や“臓腑”で掴み取るもので…（中略）…それは主体なしに（客体として）流通しうるロゴス的意味ではなく，主体の身構えと切り離しえない「らしさ」の意味（『理解される意味』）」ということになる。今，心理療法の現場で最も必要とされていることは，切り離されてしまった心身の体験と言葉とが一になることであり，そうした意味では，Cl の“丸ごとの体験”を Th がそのまま抱え，Cl のペースに応じて，心身未分化な状態で混沌としていた Cl の心身を整理し一にする過程を援助できることなのである。

　幸いなことに，壺イメージ法の場合，Cl が行う壺の中での“丸ごとの体験を”Th も同時的に体験し抱えていくことが行いやすい治療構造になっている。この点については，中井（1987）が「この方法が（分析の言葉を使えば），転移・逆転移を穏やかなものにし，治療に余裕を生み出し，患者の不安その他の感情の治療者による認知を助け，穏やかな相互作用を作り出し得る」と指摘していることからもよく理解できる。ある意味では，壺イメージ法の「安全弁」は Cl にとってだ

けでなく Th にとっても，「安全弁」として機能していると考えるのが妥当なのか
もしれない。こうした構造的特性を活用して，Th は，Cl の心身両義的な「語り」
を「主題にカテゴリー（普遍概念）を結びつけた合理的・客観的な意味（『「知ら
れる意味』』）」（尼ヶ崎，1980）として頭で理解しようとするのでなく，Cl のペ
ースに応じて，そのまま"丸ごとの体験"として受け止めることができるように
なる。Cl の体験を丸ごと抱えることの臨床的意味は大きく，そうした能力を育成
するのに壺イメージ法は非常に役立つのである。

②心理臨床の"場"としての壺イメージ空間を考える──日本的"場"理論との関
　わりで日本的感性を学ぶ

　先の論考では，この技法での Cl の壺の中での体験が心身両義的な意味を内包す
る"丸ごとの体験"としてなされることについて臨床的な観点から述べたが，で
は，"壺"という空間ではなぜそうした体験が得やすいのであろうか。「枠付け効
果」としての「安全弁」が機能するという理由だけで，それらがなされやすくな
るのであろうか。そして，Cl にとって"壺"という空間は本質的にはどのような
意味を持つのであろうか。今頃になってこのテーマをあえて取り上げるのも，筆
者が長年，壺イメージ法を臨床適用していて，未だに"壺"をイメージすること
を嫌う Cl に出会ったことがなく，適用するたびに Cl は，たとえその中での体験
が苦痛なものであっても快適なものであっても，実に興味深い体験をしたような，
ある種，嬉しい驚きを持ってその様子を語ってくれるからである。これは筆者だ
けの経験かもしれないのだが，Cl はまさに「壺中の天地」を楽しんで実感してい
るように思えるのである。筆者が行った不登校生徒の事例では，「星座を巡り歩く
ための壺が複数」出現して，彼は一つひとつの星座を巡り歩き，ある星座の壺の
中での（心身両義的な意味を持つ）体験が自分に最もフィットする場（「こころの
居場所」）であることを確信し，非常に深い安心感を得ることができたのである。
それまで混沌とした中でもがいてきた経験もそれぞれの壺の中で体験し，その後
に，上記の"自分に最もフィットする場"を提供してくれる壺を探し当てたので
ある。その間の様子は，まさに混沌として未分化・不分離だったものが壺の中で
ある意味を持つ体験として結実したようなそんな印象であった。壺という空間が，
「主客未分化」，「自他非分離」の状態を内部に包み込む"場"（西田，1911）とし
て機能していたように筆者には思えたのである。こうした"場"の考え方は日本
的な"場"の理論（西田，1911；清水，1990；中村，2000）に通じるものがあ
り，こうした"場"に対して日本人は親和性が高いのではないか，だからこそ，こ

の技法に対する違和感が少ないのではないかというのが筆者の考えである。清水（1990）の言葉を借りて言うならば，「生命体は『自他非分離』の "場" の中で生きていく。そして，その "場" の中では，動的秩序を自立的に形成する関係子が互いに相手に影響を与えながら互いの関係性を調和させる働きを自律的に行いながら秩序を自己形成する」として "場" を定義し，関係性調和の機能が働くことを説明している。この "場" では心身を調和させる作業がある一定の法則の下で行われ，それらは静止することなく動的に展開しているというのである。筆者は，この日本的 "場" で生じる現象と同じことが "壺" の中でも起こって展開しているのではないかと推測するのである。壺イメージ法のもたらす "壺" の空間は，日本的 "場" の理論で示される空間の定義と共通しているように筆者には思えて仕方がない。中井（1987）は，「この治療法は『壺』でなければならなかった…（中略）…『つぼ』という言葉の連想。縁語。たとえば「つぼむ」「つぼみ」。個人的体験。それから，『壺』という象形文字の印象。そして，その音調…（後略）…」として，"壺" が使われたことそのものの価値を言う。この技法は，わが国で生まれ，わが国独自の心理療法として開発されたのだが，"壺" という言葉に象徴されるさまざまな意味が付与されて，壺イメージ法という臨床の "場" を形成していると筆者は思うのである。多少，視点が異なるが，言語学から考察した日本人の対人関係の特徴は，①個人主義的な自立感ではなく関係性重視の自立感を好む，②自己の問題への直面化，明確化よりも抱える問題との "間" の重視と曖昧化を好む，③直接的・能動的な自己主張より間接的・受身的な自己主張を好む，④心身両義的・多義的な言葉による言語的表現を好む（板坂，1971；金田一，1975ほか）といった日本人の「悩み方」（松木，1998）の特性を考えると，"壺" というイメージの醸し出す雰囲気が果たす役割は大きいと考えられるのである。壺イメージ法に対してこの視点からの考察が行われてきたことは今まであまりなかったのだが，筆者にしてみれば，日本の臨床家の臨床センスを育てていく上では必要不可欠な感性の育成に繋がるように思える。学ぶべきところは大きいと思うのである。

　以上，私見を交えながら，かつ，過去に記した著作を数多く引用しながら，壺イメージ法が心理臨床に貢献したことについて，田嶌の「臨床観」・「人間観」の与えた影響とそれが日本の心理臨床家の育成に役立つ技法であることを述べた。しかしながら，こうした臨床姿勢のあり方は，コミュニケーション・ツールとしてClのイメージ体験を扱う際には重要な点である。と同時に，これは，前章までに

述べた催眠療法における Cl の催眠現象（催眠誘導暗示に対する Cl の反応）をコミュニケーション・ツールとして扱う際にも必須の条件であることを改めて強調しておきたい。

文　　献

尼ケ崎彬（1990）ことばと身体．勁草書房．

藤原勝紀（1980）三角形イメージ体験法．In：成瀬悟策編：イメージ療法．誠信書房，pp.38-68．

Jung, C. G.／河合隼雄監訳（1964；1975）無意識への接近．In：人間と象徴．河出書房新社．

神田橋篠治・荒木富士夫（1976）自閉の利用―精神分裂病者への助力の試み．精神神経学雑誌，78(1); 43-57．

金田一春彦（1975）日本人の言語表現．講談社．

増井武士（1987）症状に対する患者の適切な努力．心理臨床学研究，4(2); 18-34．

松木繁（1987）壺イメージ療法を適用した登校拒否児の事例．In：田嶌誠一編著：壺イメージ療法―その生い立ちと事例研究．創元社，pp.209-237．

松木繁（1998）日本語臨床と日本人の『悩み方』．心理臨床学研究，16(3); 266-277．

松木繁（2001）開業心理臨床から見た壺イメージ法とフォーカシング．In：伊藤研一・阿世賀浩一郎編：治療者にとってのフォーカシング．現代のエスプリ，410; 134-143．

松木繁（2010）臨床家のためのこの1冊「壺イメージ療法―その生い立ちと事例研究」．臨床心理学，10(1)；159-162．

水島恵一・小川捷之編（1984）イメージの臨床心理学．誠信書房．

中井久夫（1987）「壺イメージ療法」について．In：田嶌誠一編著：壺イメージ療法―その生い立ちと事例研究．創元社，pp.309-317．

中村雄二郎（2000）共通感覚論．岩波現代文庫．

成瀬悟策編（1959）催眠面接の技術．誠信書房．

西田幾多郎（1911）善の研究．弘道館．（復刊：岩波書店，2012）

清水博（1990）生命を捉えなおす――生きている状態とは何か．中公新書．

杉坂元（1971）日本人の論理構造．講談社．

田嶌誠一編著（1987）壺イメージ療法―その生い立ちと事例研究．創元社．

第5章

無意識に届くコミュニケーション・ツールを
効果的に使うために

『悩み方』の解決に焦点を合わせることの意義

　ここまで，実際の事例を通して，催眠療法やイメージ療法の中でClによって表現された体験が，Clの"無意識"からのメッセージとしてどのように機能していたのかを中心に考察し，また，そのために必要なThの臨床姿勢や態度について述べた。そして，第3章ではClからのメッセージをいかにしてより効果的なものとして見出すかという「観察とペーシングの"コツ"」について触れてきた。

　本章では，そうして見出されてきた，無意識に届くコミュニケーション・ツールを効果的に臨床利用するためにはどのようなコンセプトでClと接し，また，ThがClとどのようにして問題解決のための協働作業を進めるのが良いのかについて，『悩み方』の解決に焦点を合わせるという筆者独自の臨床観に沿って臨床実践を行った2つの論文を提示しながら論を展開したい。

［1］『悩み』の解決と『悩み方』の解決——
『悩み方』の解決に焦点を合わせた2つの事例とその考察

I　より効果的な援助の方法をめぐって

　日常の臨床のなかでは，われわれは決して○○療法とかにこだわってクライエント（以下，Clと略す）に接している訳ではないが，それでももっぱら自分たちの治療理論に即してClの『悩み』を聞くことが多い。そして，案外とわれわれはClが自分の抱える問題や症状に関して彼らなりに感じている実感に即して，彼らの『悩み』を聞くことには不慣れなものである。Clは自分の抱える問題や症状に対して彼らなりの実感をもって困っており，さらにはその実感のなかから問題や症状に対する適切な努力（増井，1987）を行ってすらいる。

臨床の現場でのこうした Cl の実態を考えてみると，セラピスト（以下，Th と略す）が自らの治療理論に即して，外側から原因追求的に彼らの精神内界へ深く立ち入ったところで，Cl の「実感的なもの」からはほど遠いものとなり，そんななかからは Th が Cl のためにより効果的な援助の方法や工夫を見いだすことは困難なものとなるだろう。

　Cl に対する援助の方法や工夫は，Cl の「実感的なもの」に対する Th の正確な共感のなかで考えられるべきものである。そして，この共感を伝えるメッセージのような形で Cl にその方法が提示されたとき，その方法や工夫は本当の意味で効果的なものになるものである。

　したがって，時には『悩みの内容』には一切触れることなく，一見無意味とも思える「世間話」や「無駄話」をくり返すことでセラピィが進展していくこともあれば，また一見「非共感的」「戦略的」「操作的」とも思えるような Th の治療態度や治療的介入が Cl にとっては「共感されたという実感」が感じられていて，そんななかから素晴らしく効果的な援助の方法が見いだされたりすることもある。

　より効果的な援助の方法をめぐってこうした考えをめぐらせながら，心理療法における Th の役割について改めて考えてみると，その役割とは Cl の『悩みの内容』の解決の援助のためにあるというよりも，Cl が自分の抱える問題や症状に対してどう関わり，また悩んでいるかという『関わり方』や『悩み方』の変換やそのための工夫に対する援助のためにある，と考えたほうがより適切である。

Ⅱ　『悩み方』の変換に焦点を合わせた治療的介入の試み

　問題や症状に対する Cl の「実感的なもの」をじっくりと聴いていると，彼らが自分の抱える問題や症状に対して彼らなりに悪戦苦闘しながらも，自己努力をくり返している姿が浮かび上がってくる。こうした彼らの姿をこれまでとはほんの少し視点を変えて眺めてみると，彼らの問題や症状に対しての『関わり方』や『悩み方』が見えてくる。

　これまでの伝統的な大部分の心理療法は，もっぱら Cl の『悩みの内容』に焦点を合わせて原因追求的に彼らの精神内界へ深く立ち入ろうとする治療的介入のほうを重要視してきた。そればかりか『悩みの内容』へあまり触れたりせず，Cl の精神内界へ立ち入ろうとしない心理療法は不完全で不十分なものとして扱われている傾向がある。

　それに対し，先に述べたように，心理療法は Th が Cl の「悩みの内容」の解決

の援助をするというよりも，Th が Cl の「悩み方」の変換やそのための工夫に対する援助をするものとするならば，Th がセラピィの過程ですぐさま Cl の精神内界へ深く立ち入らねばならない必要性はない。さらには Th が Cl の精神内界へ触れる「触れ方」にもさまざまの工夫があってよいのではないだろうか。

　こうした考えのもとに，筆者はセラピィを進めるにあたって，Th がすぐさま Cl の「悩みの内容」に焦点を合わせるのでなく，まず Cl の問題や症状への「関わり方」や「悩み方」に焦点を合わせ，そして Cl が「悩みの内容」をよりうまく解決できるような「より上手な悩み方」の工夫を Th も Cl とともに考えるという治療的介入を行ってみた。

　Th が Cl の「実感的なもの」により忠実に，しかも柔軟に対応していくという基本姿勢を守りながら，こうした治療的介入を行うことで，一見，操作的で戦略的とも思えるこのような治療的介入が逆に Cl にとって全く無理のないものとなり，結果的に Cl が『悩みの内容』を解決するのに実にスムースなものとなった。

　本論では，介入方法が比較的簡潔で明瞭であった"あがり"の事例と心因性の夜尿症の二つの事例を通して，Cl の『悩み方』の変換やそのための工夫に焦点を合わせるという治療的介入のあり方について考えてみたい。

［2］　2つの事例

事例1：30歳代女性，X年○月○日来談

1）事例の概要

　主訴は"あがり"。2年前の発表会の際にふとしたことから急に人前で声を出せなくなった。その後習慣化してしまい，ひどいときは全く声が出なくなる。"あがり"以外のことではさして重大と思われる症状や問題はないと本人は言う。

　来談の経緯が，電話帳で調べていきなり来談するという唐突なものであり，10日後の発表会に間に合うように治して欲しい，もしも治らなかったら人前で歌うのは止めようと思うとまで言うなど切迫した状態を思わせた。しかし，彼女はその割にはあまり悲愴感を感じさせない明るさをもっており，その印象は生真面目さと幼児的な楽天的さとが奇妙にバランスをとっているというものであった。面接中の彼女の話しぶりはとても丁寧で上品さの漂うものではあったが，楽天的な性格がそうさせるのかそれとも不安がそうさせるのか，非常に多弁であった。演

劇の基礎トレーニングをこれまでやって来ていたためか彼女は背筋をしゃんと伸ばして話した。

　彼女はある宗教の熱心な信奉者であり，"あがり"を神の与えた「試練」だとして受けとめ，仲間とともに信仰の力により克服しようとしたがうまくいかなかった。「次の発表会ではあがらないように会場で祈っていてあげるから」という仲間の熱意に応えられないことがつらそうであった。

　家族は夫と2人の子どもとの4人家族。本人の言によると夫は温和で理解のあるタイプの男性。2人の子どもも健康で明るく元気である。ただし，現在同居はしていないが，本人には父親と義母，義弟がいる。実母の死後，父親は連れ子（義弟）を抱えた現在の義母と再婚した。しかし，2年前に義弟が統合失調症（疑い？）を発症。直後，義母はうつ病を発病しともに入院したため，その間，Cl が父親の世話をした（なお，義母，義弟に関するこの事実は終結時に初めて本人の口から語られたものである）。

　2）治療過程──特に介入の工夫を中心に
① Cl の『悩み方』の実態とその変換への工夫──あなたの"あがり"はホンマモンではない

　彼女の"あがり"そのものの状態は客観的に見て，さして深刻とは Th には思えなかった。しかし，"あがり"という症状への彼女の『関わり方』は信仰との絡みもあってか真正面から真剣に受けとめ過ぎており頑ななものであった。ところが反面ではそれほど重大な症状を抱えているはずなのに，彼女は不自然に明るく，"あがり"以外には大きな悩みはないと言うなど，ちぐはぐな印象を与えた。生真面目に真剣に"あがり"という症状には悩んでいるのだが，そのなかに何か言語化されてこない不自然な何かが含まれているため，眼前の彼女と"あがり"という症状に苦しむ彼女とがなじまなかった。彼女の『悩み方』が頑ななものになっていることの原因がこうした彼女の不自然さと関係があると Th は感じた。それゆえ，彼女の症状の背景には複雑で混沌とした内的状態が予想された。

　通常ならば"あがり"の事例に対しては，Th はリラクセーション訓練，メンタルリハーサルといった介入の方法等を用いることが多いのだが，このケースに関しては，彼女の『悩み方』の頑なさと症状への「なじまなさ」の感じがなくならない限り，この方法だけではうまくいきそうには思えなかった。さりとて彼女の精神内界へ深く立ち入るような内省的なアプローチの試みは，宗教的な価値観の

下では功を奏さないことが多いし，無理を強いれば「副作用」を招く恐れがあった。しかし，10日後の発表会で何らかの成果を見いださないと，それ以後のセラピィの進展に影響を及ぼすという現実的な要請もあって，Th はとりあえず少しでも彼女の症状が軽減するような工夫を考えざるを得なかった。

　彼女の頑なな『悩み方』を少しでも和らげられればと思い，Th は彼女に対して次のように言った。「発表会は10日後に迫っているのだから，“あがり”の原因を探ったり，全くあがらない努力をするよりも，発表会そのものには大きな支障を来さないで済むような『上手なあがり方』をする工夫を考えてみませんか」と提案した。あがらなくするための努力ではなく，上手にあがるための努力課題を与えたのである。

　Th からのこの提案は彼女も納得いったようで「どっちにしろ10日間では治らないと思いますから，それのほうがよいですね」と彼女は答えた。これで少し気持ちが楽になったのか，対話が弾み出し，彼女はふと「私は小さい頃からもともと楽天的であがるような性格じゃなかったんですけどね」と言った。彼女のこの言葉は彼女に対する Th の先述の「なじまなさ」を振っ切る糸口となるものであった。彼女のこの言葉を利用して Th は「そうですね。私もあなたと話していて本当にあがるような人なのかと思ってたんです。少し緊張型の人ではあるけれど，明るいし，おかしいと思うんです。どうもあなたの“あがり”はホンマモンではないようですね」と言った。このときは彼女は笑いながら話を聞いていただけなのだが，症状に対する彼女の実感（たとえば，「（自分らしくなくて）何かおかしい感じ」「ちぐはぐな（身体の）感じ」など）に即して使った Th のこの言葉が後になって功を奏することになった。

　頑なな『悩み方』が柔軟になったためか，彼女は「上手にあがる」ための種々の工夫を考え出し，Th はそれを強化する工夫を考えた。このとき Th が留意したことは，「完璧に歌おうとしないこと」とか「指導の先生の期待に応え過ぎないこと」とかなどの精神論的，抽象的な提案よりも，より具体的な身体感覚を伴う提案を工夫としては使うようにしたことである。それは，精神論をもち出すとそれを契機に再び彼女の生真面目さが表面化しそうに思えたからである。具体的には次のようなものである。

①姿勢，動作の矯正練習：「あがるときの姿勢が右肩が上がり過ぎている」と彼女が言うので，それを矯正するため，緊張しても右肩が上がり過ぎないよう

な姿勢を彼女がとれるように Th が介助しながら彼女に実際に立たせたり座らせたりするなかで練習した。

②リラクセーション練習：中等度の催眠状態へ誘導して行った。

③「good な感じ」（Cl にとっての快適な感情や快適な身体感覚）体験の再現：「スポットライトを浴びていると，ライトの当たっている所だけが明るくて，ある一つの遮断された空間になっていて安心できる」。そんなときの身体の感じは「全身が何か暖かいもので包まれている感じ」と彼女は言うので，その感じをイメージにより再現させた。具体的には軽くリラックスした状態でイメージし，そのときの身体の感じを特に十分に味わうように Th が彼女に教示する，といった簡単なものであった。ところがこの練習で非常に興味深かったことは，この感じは彼女の小さい頃の実母のイメージと酷似していたことである。

②治療過程の概略

　これまで良くなろうと思いこみ過ぎて良くなり方のわからなかった彼女も，より具体的な方法が提示されたこと，しかも努力の方法が自分の実感に沿って構成されていたということで努力が行いやすくなり，セラピィは予想外の速さで進んだ。

　10 日間で 4 回のセラピィを行っているが＃ 3 の前日のリハーサルでは「あがった感じは少ししたけど詰まらずに最後まで歌えました」と症状が少し軽減したことを彼女は喜び，「『あなたのあがりはホンマモンではない』という先生の言葉がすごく残ってて，自分でも自分があがるということが何かおかしいなと思っていたところへ，そう言われたので，『そうか！　そうだったのか！』と変に納得してるんです」と言葉を続けた。＃ 3 での面接ではかなりリラックスして話せ，息子の学校や教育についての話などを宗教的な観点を交えて話した。

　しかし，本番前日の＃ 4 ではさすがに緊張の面持ちであったので，「くれぐれも真正面からは対決しないようにね」とだけ Th はアドバイスしておいた。本番は全くあがらずに歌え，彼女は喜んでいた。「これまでの発表会のときのように『うまく歌おう』とも思わなかったし，かと言って『うまく歌わなくても良いから』という慰め的なこともあまり思わなかった。ただ，何となくやったっていう感じでした」とそのときの様子を彼女は説明した。彼女のこの言葉は Th にはとても印象的だった。

第5章　無意識に届くコミュニケーション・ツールを効果的に使うために　　　69

　＃5でも，なぜこんなに早く良くなったのかわからないと彼女は言うので，「そんな治り方があっても良いんじゃないですか」とだけ Th は答えた。「でも何よりもこんな出会いを与えてくれた神様のお陰なんですね」と言う彼女には，Th は「全くそのとおりだと思いますよ」と強調して答えた。

　ただ，まだ1回だけしかうまくいっていないこと，さらには「もっと自己主張できるようになりたい」と言う彼女の依頼もあってセラピィは続けることになった。

　この問題に関しても，Th は原因追求的な面接の進め方は避けた。なぜなら，自己主張したい衝動や何らかの攻撃的な感情が内側から起こりつつも，一方では自己主張し過ぎることで人を傷つけたくないと思い，その狭間で困っている彼女の実感（たとえば，「言い切れなさの感じ」「身をひく感じ」）を大切にし，その体験を彼女に十分に味わって欲しかったからである。そこで Th は彼女のこうした実感に即して「攻撃性が出過ぎないで自己主張できる工夫」を考えることを＃6で彼女に提案した。この提案に対して「そんなふうに考えると自分の気持ちがとても楽です」と彼女は答えた。実際には何らかの具体的な工夫が，ここで Th や彼女によって考えられた訳ではなかったが，こうした『悩み方』の変化に応じて彼女は自己主張することができるようになっている。

　これまで信仰仲間や指導者から押しつけ的にやらされていたことに対し，「神様の思召し」として一切不服を言わなかったのが，＃6後初めて反発したらしい。＃7での彼女の「これまで争い事や攻撃的な感情自体，見たり聞いたりすることがいやだったけど…（中略）…自分の攻撃的な感情を素直に言っても良いことだってあるんだと今回思った」という言葉が印象的であった。

　＃7の3日後にまた歌う機会があったのにほとんど話題としてのぼらなかった。「ソロで歌ったのに楽しく歌えました」と＃8で彼女は喜んで話した。さらに＃8では“あがり”の発症のきっかけとなったとも思える事件について彼女が語り始めた。

　2年前に義弟が統合失調症（疑い？）を発症して入院，離婚。そのショックで義母もうつ病で入院するという大事件があったのである。彼女は「自分の身内にまさかこんなことがあるなんて」と思い，この事件は義母や義弟に対して不満をもっていた自分，父親に対しても愛着と同時に不満や憤りをもっていた自分に対して神様が与えた『試練』だと思ったらしい。しかし，なお自分は義母や義弟とは同じじゃないという気持ちが常にあって，いつも変に身構えている自分があっ

たように思う，と言っている。まわりの人たちは，私は何の苦労もない人間だと思っているようだけど，実はこの２年間こんな気持ちでいたのだと語った。でも父親も義母も自分以上の『試練』を味わい大変だったろうと思いやり，今後は自分もこの『試練』を抱えていけそうだから，と言いセラピィは８回で終結した。

事例２：５歳女児と母親，Ｘ年○月○日来談

１）事例の概要

　主訴は女児の心因性の夜尿症。毎日漏らし，一晩で３〜４回漏らす。昼寝のときも漏らす。３歳で左利きの矯正を行ったときに一時的に吃音が出て（約１カ月間），その吃音が治ると同時に夜尿が始まった（３歳９カ月）。これまで医院や相談所で相談したがあまり改善されなかった。自営業のため両親ともに忙しい。姉，弟は全く漏らさないため母親は本児の夜尿が非常に腹立たしく，漏らすと体罰を与えていた。

　家族は両親と姉，本児，弟の５人家族。父親は仕事一途。母親もその手伝いなどで忙しい。夫婦ともに子どもをゆっくりと構ってやる暇がない。

　本児はかわいい女の子で，暗いイメージは全くない。母親は短気でせっかちそうだが，人の好さそうな女性。好奇心が旺盛で"若いお母さん"という印象。他の子は漏らさないのに，この子だけは漏らすと本児の前で平気で言い，普段からも本児に向かって「おしっこたれ！」とよく言うらしい。とにかく早く治したいと言う。自分の仕事も忙しいので夜尿をされると洗濯などが大変なことを訴える。体罰のこととなると，「たたいてやったらかわいそうやと思うけど，たれたんを見たら，いらいらっとしてたたいてしまう」と言っている。「そやけど何も私かて好き好んでたたいているんやないんです」と言う母親の言葉が印象的。

２）治療経過──特に介入の工夫を中心に

① ＣＩの『悩み方』の実態とその変換への工夫──何も好き好んで体罰してるんやない

　本来ならば経過から推測できる母親やその背景にある問題に焦点を合わせてセラピィは行われるべきであったのかもしれないが，子どもの夜尿という問題を自己の内面との関わりで受けとめようとする心的な構えがこの母親には十分にはできあがっていないこと，そして子育てに対する夫婦間の意思の疎通が悪過ぎること，などの理由でそうした原因追求的な介入方法は行わないこととした。

第5章　無意識に届くコミュニケーション・ツールを効果的に使うために

それは無理をして母親の精神内界へ踏み込むとセラピィの中断，もしくは子どもの夜尿の悪化，子どもへの体罰のエスカレートなどのリアクションが予想されたためである。しかし，現実的な問題としては，症状の軽減を速やかに行わないと母親の焦りやいらだちが強くなるのも同時に予想された。そこで Th はとりあえず母親の「夜尿は大変でどうしようもない」という投げやり的な『悩み方』の変化を狙いつつ，子どもの夜尿の回数を減らす（「上手に漏らさせる」）工夫を考えることにした。

これまでの他所での相談では，母親は"母原病"的な言い方をされてきていたようなので，Th が母親のことについても父親のことについても積極的には聞こうとしないのを少し奇妙に感じていた様子であった。

「『いい母親』になって夜尿を完治させる」という努力課題では母親がもたないように Th には思えたため，「完治させる努力」よりも，少しくらい失敗があってもいいから「上手に漏らさせる努力」を母親に行わせることのほうを Th は採ることにした。そして体罰の是非についてもあえて問わず，何らの指示も与えないことにした。

それは体罰にまつわる母親の実感（たとえば，「どうしようもない感じ」「やらされている感じ」）は子どもの夜尿に対して向けられているばかりでなく，体罰をしてしまう自分そのものにも向けて感じられている実感であるように Th には受けとめられたからである。

母親が「回数も多く，漏らす時間もバラバラやし起こす気にもならない」と言うので「完治しなくても一晩に1回くらいやったら起こせるし，それができたら治ったも同然でしょ」と Th が言い，そのための具体的な工夫として母親には，

①漏らす時間の正確な調査と表作り。
②漏らす時間を正確に調査できるように，寝付く時間を一定にさせる。
③そのために母親は本児に添い寝を行う。

の3点を指示した。

そして本児には次のような言葉を使い「上手に漏らす努力」課題を与えた。

「今日からお漏らしの時間を調べるから，正しく上手に漏らしてね」というものである。

こうした逆説的，戦略的な介入の工夫を本児に向けて行った理由は，夜尿をし

てはいけないと思いつつも勝手に出てしまう，という感じしかもっていない本児に対し，1つには「漏らしてもいいよ」という Th の気持ちを伝えたかったこと，2つには「自分が漏らしている」という実感を本児に味わわせたかったことである。こうした Th の提案に対し本児は驚き，困った様子であったが，母親が，横から「たれてもええんやて」と言ったことで安心し喜んでいた。

②治療過程の概略

　夜尿に対する取り組み方が他所でのものとかなり異なっていたため，母子ともに驚いたようであったが，母親にしてみればこれまで「母親が悪い」という印象での取り組みばかりだったので，母親の責任とかをあまり問わずに「上手に漏らす」努力課題へと取り組みが変わったことで，ものすごく気持ちが楽になったと＃2で母親のほうから語った。その楽さがこれまでの「どうしようもなさ」に伴う投げやり的な『悩み方』に変化をもたらし，母親は解決の努力を行いやすくなったようである。

　治療開始直後から漏らす回数が激減し，2日に1回漏らす程度になった。本児は「なかなか先生の言わはった通りにはできひん」と言って困った様子であったが，夜尿の回数は減り喜んでいたようであった。症状の軽減と平行するように，退行促進的な添い寝の効果でか母親への甘えが強くなった。＃2後の1週間では全く漏らさない日が4日間もあり，＃3の面接では母子ともに喜んでいた。

　ところが，母親への甘えが強くなって母子間が密になると母親自身のなかにある両価的な感情が刺激されるのか，治療開始後3週目を過ぎた頃より攻撃的な感情が再び本児に向けられ始めた。＃3後，セラピィを1回無断でキャンセルした後の＃4では「子どもがべたべたくっついてくると，自分のことが何もできなくなると思えていらいらする」，「何でもかんでも全部一人でせんならんし，いやになってくる」などと言い出し，再び「どうしようもなさ」を強調し始めた。さらには，それまで比較的きちんとつけていた夜尿の記録もつけなくなってしまった。こうした母親の動きと並行するように本児の夜尿も再び悪化し体罰も続いた。

　ここで，本来ならば母親の精神内界へ踏み込むべくアプローチがなされても良かったのかもしれないが，この母親の場合，先述のように下手に踏み込めば本児の夜尿の一層の悪化や本児への体罰の強化などのリアクションが予想された。そのため Th はここでも原因追求的なことは一切行わなかった。そして，何らかの方法で母子間が密になり過ぎないで，なおかつ愛情の授受が大きく妨げられないで済む工夫はないかを母親とともに考えるという方法をとることにした。稚拙な

第5章　無意識に届くコミュニケーション・ツールを効果的に使うために　　73

がらも母親なりに考えた「べたべた甘やかさせるだけじゃなしに，お手伝いさせたり，子どもと一緒に何かできるもんを作ったらええな」とかの母子間の直接的なコントロールの工夫だけでなく，仕事一途の夫にも夜尿の治療に参加してもらうこと，などの工夫が Th と母親との間で話し合われた。そんな話のなかで，夫へのこれまでの不満も数多く話された。

　♯5までの1週間で具体的な方法が家庭でなされた訳ではないが，本児の夜尿の回数は急速に減少した。♯5後，夫も夜尿の時刻調査に加わり，正確な夜尿の時刻が把握できたこと，回数も一晩に1回漏らすか否かの状態になったことから，♯6後からは規則的覚醒法を行うことにした。♯6の面接では母親が夫の話の関連で自分の父親の話をした。「夫と同じで私の父親も母親の言うことを全く聞かなかったし，そんな父親を母親は嫌っていた。私と同じで母親もいつもいらいらしていた」という内容の話をしたが，Th はそのことの「意味」についてあえて彼女と話し合わなかった。また，本児があいかわらずべたついて甘えてくることに対し，「しっかり受けとめずに適当にかわしてばかりいるような気がする」と彼女が真顔で言うので，「わが子でだって相性の合わない子もいるし，それはそれでいいんじゃない」と Th が答えるのに対し，彼女はにっこり笑って頷いた。

　♯7後は夜尿の状態も安定し，起こさなくとも自分で起きる日がでてきた。♯8で「これからも漏らす日があるかもしれんけど，何とかやっていけそうやし，ぼちぼちやります」と母親が言うので8回のセラピィで終結することにした。

考　　察

1）『悩み方』の変換に焦点を合わせた治療的介入の臨床的意義について

　Cl の『悩み方』へ焦点を合わせながら『悩みの内容』をも同時に解決していこうとする筆者の治療的介入（以下，『悩み方』へのアプローチと略す）の試みは，臨床の現場で何も目新しいものではない。どんな理論的立場からなされたセラピィでも「うまくいった事例」というものは，Th が意識しているか否かは別として Cl の『悩みの内容』と『悩み方』の両者へのアプローチは自ずとなされており，それらは Cl の「実感的なもの」に対する Th の正確な共感の下で行われているものである。

　ただわれわれがあまりにも Cl によって語られた「悩みの内容」の理解，解釈，果てはその解釈に基づく原因論の追求へと走り過ぎたり，科学性を重んじるがゆえに，外側から観察可能なものにのみこだわり過ぎたりしてしまったために，臨

床の現場で最も大切にされねばならない Cl の「実感的なもの」へ目を向けることが少なくなり気づかれにくくなってしまっただけなのではないだろうか。

　そうしたことを踏まえて，本考察では 2 つの事例のなかでの Cl の「実感的なもの」に焦点を合わせ，それを筆者がどのように取り扱ったかを見ていきたい。そのことがこのアプローチの視点やその臨床的意義をわれわれに考えさせてくれるからである。

　" あがり " で悩んでいる人に向かって「あなたの " あがり " はホンマモンではない」と指摘することは一見不真面目な，戦略を弄するようなものにも思えるかもしれないが，事例 I の場合，それは戦略でも何でもなく，症状に対する彼女の実感（たとえば，「（自分らしくなくて）何かおかしい感じ」「ちぐはぐな（身体の）感じ」）に即して行った介入の工夫であった。彼女にとっての " あがり " という「試練」は，実は内的にはもっと重要な人生の「試練」と相互的に関わりあい，相互作用を起こすものであった。

　彼女の " あがり " という症状が「彼女の内的状態のメタファであり，アナログ的なメッセージ」（Madanes, 1987）であろうことは，症状への「なじまなさ」という彼女の実感を聴いていると十分に推測されよう。しかし，その実感のなかから彼女が頑なな『悩み方』をすることで，非効率的ながらも「試練」に立ち向かう様を見るとき，筆者は彼女に対して " あがり " を完治させる努力の援助を行うよりも，「上手にあがる」ための努力に対しての援助を Th が行うほうが，より治療的だと考えた。それは彼女の自己努力は少なくとも相互的に彼女の内的状態での自己努力とパラレルであろうと推測され得たからである。

　さらに，そうした工夫とともに筆者が彼女の症状への「なじまなさ」に対する共感を，「あなたの " あがり " はホンマモンでない」というメッセージに託して伝えたことで，彼女の「心的な構え」（田嶌, 1987）は変化を起こす契機をもち得たのであろう。そして，" あがり " という症状への『悩み方』も，また内的な悩みに対する『悩み方』も変化し得たのであろう。この筆者の姿勢は，その後のセラピィでの「攻撃性が出過ぎないで自己主張できる工夫」を考えようという提案のなかにも含まれている。

　こうした『悩み方』の変換を経た結果，ようやく彼女にも内界探索的な心的構えができあがった。そして，彼女は " あがり " の発症のきっかけとなった義弟や義母の精神疾患の発症という事件を自分から語ったのである。事件を契機に誘発された，父親への両価的な感情の狭間で喘ぎ苦しみながら，彼女は「自分は義弟

や義母とは同じじゃない」と思おうとしたし，そのことが身構えとなり，歌うという行為に対する課題遂行に対して自我関与の強い状態を引き起こしてしまったのであろう。こうしたことを考えると，彼女の文字通りの「試練」こそ本当の意味での『悩みの内容』だったのであろう。

こうした経緯は事例Ⅱでも同様のものがあった。Clの母親の「何も好き好んで体罰してるんじゃない」に含まれた彼女の実感（たとえば，「どうしようもない感じ」「やらされている感じ」など）を聴くと，子どもの夜尿が実は母親の内的状態のメタファとして機能していることが推測される。そのことを考えると，事例Ⅰと同じように，筆者は彼女が夜尿を完治させる努力を行おうとするのを援助するよりも，上手に漏らす努力を援助するほうがより「治療的」だと考えた。それは，彼女が子どもの夜尿を完治させる努力をすればするほど，「いい母親」になろうとせざるを得ないし，「いい母親」になろうとすればするほど「どうしようもない」という実感がより一層強いものとなり，その結果，彼女は投げやり的な『悩み方』をせざるを得なくなると筆者は考えたからである。

夜尿症が何らかの原因で起こる，母親の愛情欲求阻止による願望充足的な退行であるとしても，彼女に「いい母親」になる課題を与えることは決して治療的だとは考えられなかった。それどころか症状の悪化や悪循環をくり返すことにもなりかねないだろう。彼女にとっての「母親」への同一性の確立は「必ずしもいい母親でなくてもいい」と思えることが絶対条件だったのではなかろうか。そのことは，＃6で自分の母親像を語った彼女の言葉が示している。彼女の内的状態は，さらには彼女の母親の内的状態のメタファとして機能していたのかもしれない。

しかし，こうしたことを彼女が語れるためには，やはり投げやり的な『悩み方』の変換が必要だったのである。そうした意味で「上手に漏らす努力」の援助を行った筆者の介入は効果的だったし，さらには＃6での「いい母親でなくっていいんだよ」という彼女への筆者のノンバーバルなメッセージは共感的なメッセージとして彼女に効果的に伝わったと推測される。

Clの「実感的なもの」へ焦点を合わせながら，筆者は2つの事例を振り返ってみた。Clのこうした「実感的なもの」を傾聴しながら彼らの『悩み方』を見ていると，筆者にはClの語る『悩みの内容』が文字どおりのメッセージかアナログ的なメッセージかがよくわかった。また，Clの問題や症状が彼の内的状態のメタファとして機能していることなどもそのなかで明らかになってくる。

このようにClの実態が明らかになってくると，ThがClにどう対応するのがよ

り効率的で効果的な援助の方法かも明らかになってくる。『悩み方』に焦点を合わせながら『悩みの内容』をも同時に解決していこうとする筆者のアプローチはこのようななかで生まれたのであり，それはClの「悩める能力」の育成に対するThのより具体的な援助の方法として重要な視点をもつものである。しかし，このアプローチが単なる介入技法としてのみ利用されるならば，逆にClの『悩みの内容』を軽視し嘲笑するようなものとなってしまうであろう。あくまでもClの「実感的なもの」に対するThの正確な共感の下でこの方法は使われるものでなくてはならないことを強調しておきたい。

　そうした意味では，こうした『悩み方』へのアプローチをThが考えるということは，そのことが同時にThがClの精神内界へいかにして触れていけばよいかという『触れ方』を考える機会をわれわれに与えてくれているのかもしれない。

2）諸学派の最近の展開と『悩み方』へのアプローチとの関連について

　心理療法において，Clの精神内界へ「触れる」「触れない」という課題は重要である。これまでの伝統的な心理療法がClの精神内界へ「触れる」ことを大前提にしていたのに対し，最近の心理療法の展開を見ると，Clの精神内界へいかにして触れるかという『触れ方』に焦点は絞られてきており，その検討を通してさまざまの工夫や修正が加えられてきているようである。

　それは，心理療法の対象が神経症圏から境界例やプリミティブな人格障害さらに精神病圏へ拡がらざるを得なくなった社会現象との関連があるのだが，その原因論に論及する余裕はないので別の機会に行うこととして，ここでは幾つかの学派の心理療法の最近の展開を見ながら筆者の行った『悩み方』へのアプローチとの関連を考えてみたい。

①認知行動的介入，認知療法，論理療法との関わり

　『悩み方』へのアプローチの試みを筆者が行った背景に認知療法や論理療法の理論や考えがあったわけではないが，結果的に，ものの見方や考え方を変えて現実的，客観的に問題に対処していくという点では認知療法的であった。事例Ⅰの介入の仕方などは認知行動的介入と言ってもおかしくないくらいである。最近の行動療法の展開をみると，これまで単に行動変容そのものが治療目標であったのが，「認知プロセス」の変容，もしくはその変容を契機として行動変容を狙うといったものへと治療目標が変わってきている（坂野・根建，1988）。このように認知的側面が重要視されるにつれ，わが国でも認知療法が普及し始め，うつ病の治療な

どに適用されるようにもなってきた。しかし、「認知の歪みに気づく」「自動思考に気づく」等々の具体的な認知技法をみるとき、その考えが知的理解に重点が置かれ過ぎていること、適応的、常識的でありすぎることなどを考えると、それらの技法を適用しにくいケースがないだろうかと考えてしまう。そうした意味ではもう少し Cl という主体の側の「実感的なもの」や体験様式などにも焦点を合わせておく必要があるだろう。

また、「認知療法や認知行動療法はあらゆるイラショナル・ビリーフ（iBs）が悩みの原因であると信じている」と指摘した Ellis（1987）は、iBs を評価的なものと非評価的なものとに区別し、非論理的なものや非常識的なものへの具体的な対応（「ねばならぬ志向」の修正）を示した。しかし、この論理療法にしても、やはり知的理解に重点が置かれ過ぎていて、即興的な対応を時として要求される臨床の現場では使いにくい。もし仮に柔軟に即興的に対応できたとすれば、それはほとんど戦略的な技法と技法的には相違点が区別しにくくなってしまうだろう。

②エリクソンの技法や諸学派の家族療法との関わり

今世紀最大の臨床家と言われるミルトン・エリクソンの技法は諸学派の家族療法とともに米国で発展し、わが国でも家族療法や催眠療法を行う臨床家たちに注目されている。彼のアプローチはわれわれに、常識を越えた、Cl の精神内界への『触れ方』を教えてくれた。筆者の２つの事例も、基本的に「Cl の用いる言葉を使っている」「逆説的な介入を行っている」「否定的な発言や対決を避けている」こと等々、Brief Therapy とも思える対応が随所で行われている。

しかし、先にも述べたように、筆者の介入方法は Cl の言葉を単に用いているというより、Cl の「実感的なもの」に即して Cl の言葉を用いているのである。この差は実に大きい。

エリクソン自身は単なる技法としての技法を治療に用いていたとは思えないのだが、わが国でのエリクソン研究を見ていると、彼の行った技法研究ばかりが先行して、そうした技法を使う際の適用方法や範囲、その程度などについての詳細な検討の研究などがほとんどなされていない（高石，1989）ため、一般的には敬遠されたのではないだろうか。

さらには、Cl のニードを完璧に近いくらい的確に把握したエリクソンの豊かな感受性や、Cl に対する共感的、尊敬的な態度についてもあまり強調されていないため、彼は単に「戦略家」としてしか受けとめられていないようである。彼のセミナーの様子を垣間見る限り（Zeig, 1980）、彼の直観的な技法の背景には「Cl の

最も深いところにある感情を感じとる能力，そしてそれらの感情に純粋に自発的に創造的に反応する」（Rogers, 1987）驚くべき共感性の高さがある。この点はもっと強調されるべきであろう。

③来談者中心療法との関わり

来談者中心療法におけるフォーカシング技法の開発は「体験過程」という新しい概念と，身体を通して Cl の精神内界へ触れていくという『触れ方』をわれわれに教えてくれた。そのなかで増井（1984）の実践した「間をつくる」技法などは，いかにして Cl 精神内界へ触れないかの工夫を通して，その『触れ方』をわれわれに教えてくれたが，この技法などは『悩み方』へ焦点を合わせたアプローチとも言えるであろう。

壺イメージ療法（田嶌, 1987）などもフォーカシングの枠組みで論じられることが多いのだが，筆者の行ったアプローチの視点は，実は筆者の数年来の壺イメージ療法のケース経験を通して生まれたと言っても過言ではない。Cl が壺への出入りを通して体験様式を変化させていく様を見るとき，筆者は Cl の悩みの解決にとって何が最も重要なのかを教わった。

そして筆者が今回行った『悩み方』アプローチの試みは，そうした考えをさらに発展させ一般化しようとしたものである。したがってその背景ではフォーカシングの理論や考え方との類似点も多々みられるかもしれない。ただ，フォーカシングに関して筆者は，「気がかりな感じ」という「実感的なもの」を「言語」という質の違ったものへ還元していくプロセスをより効果的に扱うためには，Cl の『悩み方』（心的な構え）にも焦点を合わせておくことが重要なのではないかと考えている。

④精神分析療法との関わり

わが国における精神分析療法の最近の展開をみると，対象関係論の広まりに伴い，その関心がエディプス期以前の人生早期の母子関係に移ってきている。それに従い，治療者－患者関係のなかにも新しい視点が加わり，これまでの介入に比べてかなり積極的で，かつ柔軟な介入の方法が模索されようとしている。

そのようななかで出された北山（1988）の「心の消化と排出」に関する考察は，精神分析学に基づいて論じられたものとはいえ，Cl の「実感的なもの」にもかなり積極的に触れ，かつかなり柔軟な治療者のあり方を示したものである。たとえば，精神分析家が行う言語化を，単に抑圧されていた意味を意識化させるためのものという側面だけで捉えるのでなく，文字通りの体験が比喩になる過程という

移行的な過程としての側面から捉え強調するところなど，まさにそうしたことの現れである。

　こうした視点を仮に精神分析の枠組に囚われずに受けとめるならば，それはまさに Cl の「実感的なもの」や『悩み方』に焦点が合わされたなかから生まれ出てきた視点だったのではなかろうか。そして，「（話を）置いておくということ」の視点からなされる治療などは，精神分析療法にあってはかなり柔軟な治療的介入と言える。彼のこうした視点はわが国の精神分析療法のあり方に一石を投じるものである。

　以上，筆者なりに諸学派の最近の展開と筆者の行った『悩み方』へ焦点を合わせたアプローチとの関係について考えてみた。

　筆者の行った介入方法は，伝統的な諸学派の理論や方法からすると，その理論も方法も折衷的であり，また即興的でもあった。それゆえ，その介入方法は一貫性に欠ける場当たり的な印象を与えたかもしれない。しかし，われわれは臨床家である限り，眼前の Cl に最も効率的で効果的な援助の方法を考えねばならない。それゆえ，自らの治療理論に固執することなく，かつ反面では経験主義に陥らないよう留意して眼前の Cl に向けて自らの臨床経験を総動員せねばならない。そのためにはどうしても折衷的な方法を採らざるを得なくなることが多い。

　ただ，折衷的な理論や方法は Lazarus（1987）が指摘するように，それが寄せ集め的折衷主義になると Cl にとってこれほど危険なことはない。筆者も肝に銘じておかねばならないだろう。

　しかし，今後，幾多の理論を統括し得るような巨大に構築された，より統合的な理論が出現し得るのかもしれないが，今はそれへ向けての柔軟で総合的な心理療法の実践がわれわれ臨床家に課された課題なのではないだろうか。

　そうした意味で，筆者の行った『悩み方』へ焦点を合わせたアプローチの視点は，その課題を達成していくための布石となるだろう。

文　　献

Ellis, A.（1987 ／國分康孝訳，1989）論理療法（RET）と認知行動療法（CBT）の興隆. In：Zeig, J.K. (ed): The Evolution of Psychotherapy. Brunner/Mazel.（成瀬悟策監訳：21 世紀の心理療法 I . 誠信書房，pp.179-228.）

北山修（1988）心の消化と排出―文字通りの体験が比喩になる過程. 創元社.

Lazarus, A.（1987 ／春木豊訳，1989）技術的折衷主義の必要性. In：Zeig, J.K. (ed): The Evolution of Psychotherapy. Brunner/Mazel.（成瀬悟策監訳：21 世紀の心理

療法Ⅰ．誠信書房，pp.280-300.）

Madanes, C.（1987／岡堂哲雄訳，1989）戦略派家族療法の進歩．In：Zeig, J.K. (ed): The Evolution of Psychotherapy. Brunner/Mazel.（成瀬悟策監訳：21世紀の心理療法Ⅰ．誠信書房，pp.73-91.）

増井武士（1984）間をつくることに力点を置いた事例．In：村山正治ほか：フォーカシングの理論と実際．福村出版，pp.150-157.

増井武士（1987）症状に対する患者の適切な努力．心理臨床学研究，4(2); 18-34.

Rogers, C. R.（1987／村山正治訳，1989）ロジャース，コフート，エリクソン．In: Zeig, J.K. (ed): The Evolution of Psychotherapy. Brunner/Mazel.（成瀬悟策監訳：21世紀の心理療法Ⅰ．誠信書房，pp.303-320.）

高石昇（1989）エリクソンから何を如何に学ぶか．催眠学研究，34(1); 28-31.

田嶌誠一編著（1987）壺イメージ療法―その生い立ちと事例研究．創元社．

田嶌誠一（1990）「イメージ内容」と「イメージの体験様式」―「悩む内容」と「悩み方」．臨床描画研究，V; 70-87.

坂野雄二・根建金男（1988）行動療法から認知行動的介入へ．季刊精神療法，14(2); 121-134.

Zeig, K. ed（1980）Teaching Seminar with Milton H. Erickson. Brunner/Mazel.（成瀬悟策監訳・宮田敬一訳（1984）ミルトン・エリクソンの心理療法セミナー．星和書店．）

第**6**章

日本語臨床における無意識に届く コミュニケーション・ツールの使い方

日本語表現の多義性・心身両義性の活用

　第5章においては，2つの事例を通して，『悩み方』の解決に焦点を合わせた介入方法について論を展開させた。その論述の中で気づかれたことと思うが，セラピィの最初から最後まで貫いた筆者の治療方針は，特定の心理臨床理論に基づいた考えで Cl と接したり，また，その理論などで推奨される特定の技法にこだわって心理的介入を行っていたのではないということである。インテーク面接の最初から Cl の「語り」を傾聴しつつも，同時に，（Cl 自身も明確な言葉で表現できない）「語られない言葉」にも注目し，そこから醸し出される Cl の態度や行動，感情表現に焦点を合わせて，その“困りの実感”に沿う形で臨床的介入を続けたのである。この“困りの実感”は Cl の無意識から発せられたメッセージであり，それは，前章までで述べたように，問題解決のためのメッセージでもあったのである。まさに Cl からの「無意識に届くコミュニケション・ツール」を駆使し，かつ，Th からも Cl の「無意識に届く」問題解決のためのメッセージを発信していたのである。

　通常，1つ目のような事例では，初期アプローチとして催眠療法で行うリラクセーション技法やメンタルリハーサル法等を行うのだが，この時は，実際は簡単な呼吸法をベースにしたリラクセーションを行ったくらいである。また，2つ目の事例についても，通常の夜尿症の催眠療法で実施するはずの，直接暗示による尿意──覚醒暗示法や条件付け法なども，あえて使っていない。それよりも2つの事例に共通した臨床的介入は，「無意識に届くコミュニケーション・ツール」への注目とそのメッセージから発せられる問題解決のためのアプローチを駆使することだけであった。こうしたアプローチは，Cl の内省に焦点を合わせた原因追究的な内面探求型のものではなく，問題解決に焦点を合わせた解決志向的で未来志向的なアプローチと言えるのである。

催眠療法やイメージ療法において最も重要なのは，『悩みの内容』に焦点を合わせて問題や症状の原因を明確化することではなく，Cl － Th 間の共有空間としての「催眠トランス空間」や「イメージ療法空間」の中で互いに相互的に交わされる Cl との「無意識に届くコミュニケーション・ツール」のやり取りが行われることなのである。そのためには，Cl の『悩みの内容』に触れるよりも，『悩み方』に焦点を合わせた介入方法の方が臨床的には有効と考えられる。催眠療法の治癒機制が究極的にはコミュニケーションのあり方にあるのだと言われる所以でもある。

　そうした流れを受けて，第 6 章では，日本語表現の持つ両義性や多義性，心身両義性を Cl － Th 間のコミュニケーション・ツールとして活用しながら問題解決を図った事例を紹介する。この事例は，Th が日本文化に根差した独自の介入方法を駆使しつつも，日本人の『悩み方』に焦点を合わせるという独自の介入を行った事例である。

　しかしながら，この介入方法も Th が意図的に作り出したものではなく，Cl － Th 間で交わされた「無意識に届くコミュニケーション・ツール」を相互的に展開させる中で，Cl，Th，そして Cl 家族の協働作業によって作り出された結果，実施できた介入技法であることを強調しておきたい。その介入方法がどのように有効だったか，また，Cl やその家族とのアプローチにもどのように活かされていたのかに注目をして読まれることをお勧めしたい。

　では，以下に「日本語臨床と日本人の『悩み方』」（松木，1998）というタイトルの論文を紹介しつつ論を展開させていくことにする。

I　はじめに

　日常的な心理臨床の現場で使用される言語は日常語としての日本語や日本語概念である。

　ところが，こうした日常語としての日本語や日本語概念が心理臨床の場でどのように機能し，またそれらが使用されているのかといった研究はわが国では数少なく，土居（1971）が日本語に注目して（例えば，「甘え」「わかる」など）日本人論を展開してはいるが，その多くは精神療法的な態度についてのもの（例えば，宮本，1974；神田橋，1984）で，言葉の機能に注目したものはそれほど多くはない（妙木，1989）。

　しかし，「言語の起源には，身体や感覚体験のような共有された原初的なイメ

ージがある」（豊永，1987）と考えられるのだから，心理臨床の場でクライエント（以下，Cl）によって語られる日常的な日本語や日本語概念が何らかの形で臨床的に機能していることへ注目することは重要なことと考えられる。

特に，日常語としての日本語や日本語概念の特性（例えば，両義性や多義性，ときには同音異義語など）を通してセラピスト（以下，Th）が Cl の抱える「症状や問題に対する実感」（松木，1991）への共感的理解を深めているかを考えてみることは意義深いことだと思われる。

このような心理臨床の現場の実態に即し，「日本語を生かした研究や日本文化のことを強く意識する理論化」の重要性を強調した日本語臨床研究の試みが北山（1996）らを中心に展開されている。北山（1988, 1993）は日本的言語表現の臨床的考察を通して日本語の「両義性」「心身両義性」に関して，国語論的な発想から両義的な言葉の橋渡し機能に関して論述しており，その論考は Cl への共感的理解や Cl の心の描写のための日本語の役割をわれわれに示した。しかし，こうした試みはもっぱら精神分析的な観点から行われている。

本論文ではそうした観点にかかわらずに，臨床の場における Cl という主体の側から見た日本語や日本語概念の使用およびその使い方にも焦点を合わせて見ていきたい。それは，「悩みの内容」のなかに示される日本語や日本語概念の特性を見るばかりでなく，問題や症状に対する Cl の関わり方や悩み方（以下，『悩み方』）（松木，1991）のなかにそうした特性がどう生かされているのかも同時に見ていこうとする試みである。

こうした視点で日本語や日本語概念を見ていくにあたっての基本的な認識として，日本的言語表現に関するこれまでの研究が大いに参考になる。

日本的言語表現に関してはこれまで数多くの研究が為されてきているが，特に日本語の「両義性」「曖昧さ」「間接的表現」「関係性重視」「受身性」に関しては以下のように指摘されている。

「温かい人」「冷たい人」などの表現を例にあげて，日本人の対人関係の表現が皮膚感覚的だとする板坂（1971）の論述は心身両義的な日本語の特徴を指摘している。板坂は同時に「なまじい」という言葉が「物事を理想的な状態に徹底するまでやらない不十分な段階」にある状態を示し，また「いっそのこと」という言葉が「考えがジレンマに陥ったときの不快感や焦燥感を嫌って」「飛躍した結論に感情的，直観的」に達しようとする考え方を示しているという例をあげて，物事への対応の明確化を避ける日本人の曖昧な態度や，逆に曖昧さへの耐性の低さを

もつ日本人の特性を指摘している。

　対人関係における日本人の言語コミュニケーションの曖昧さに関しては,「間接的な表現を好む」（金田一，1975）,「いわゆる玉虫色」（鈴木，1973）など，その曖昧さの目立つ日本人の言語生活の特色を指摘する論述が多い（例えば，芳賀，1979；豊田，1980）。

　また，関係性を重視するがゆえに受身的で曖昧な対応が多くなる日本人の特性に関しては,成瀬（1979）が「相手に対する甘えの気分」に影響されやすい日本人の言語意識には「根強い場面依存の傾向」「本能的に対決の構図を嫌う傾向」があると指摘している。そしてこの背景には，清濁合わせ呑む，臨機応変，融通無害の柔構造を好む日本人の価値観があるとしている。これは土居（1971）の指摘する日本人の『甘え』の精神構造を言語学的な立場からも実証できることを示している。

　一方，池上（1981）の著した『「する」と「なる」の言語学』では，日本語と英語との表現の違い（例えば，「こと」的な捉え方と「もの」的な捉え方；「なる」的表現と「する」的表現）を言語学的な見地から捉え直し，日本文化の特性を英語圏文化のそれと比較して，出来事全体把握的，非分析的把握，自然中心の哲学，消極的な行動様式として特徴付けている。

　日本的言語表現に関する以上のような諸特徴はわれわれの心理臨床の場面にも必ず反映されており，それらを意識し臨床的に活用する試みは意義のあることと考えられる。

　本論文における事例研究では，こうした研究の示す日本語の特性に特に注目し，Cl の語る言葉——日本語——を共感的理解の糸口とすることで臨床的考察を深め，同時に日本語の両義性，同音異義性を積極的に活用した介入の試みを行ったものである。

　この試みを通して日本語臨床の意義を確認し，同時に日本的言語表現のなかで実証されている諸特性が Cl の『悩み方』にどのように反映されているのかも検討してみたい。

Ⅱ　事例（17歳，高校生男子，X年○月○日来談）

1）事例の概要

　不登校を理由に，学校の養護教諭や担任の勧めで筆者（以下，Th）の元へ来談。Th はクライエント（以下，Cl）の通う学校の生徒たちの相談をかねてから学校側

からの依頼で数多く行っていたため，担任らとの連絡は必要に応じて互いにとれる態勢をとっていたのだが，その担任によれば，Clの不登校の状態はある日突然（４月中旬）に休み始めたような状態で，その理由はまったくわからなかったとのこと。

Clは服装，容姿に関しての無頓着さ，うつろな表情が目立つなど精神病圏を思わせる，一種言いようのない雰囲気を漂わせていたため，学校の養護教諭は担任を通して親に精神科の受診も勧めていたが，Clの自己判断に任せたいという両親の希望により，Thの元への来談となった。

Clの来談当初の悩みの内容は，不登校に関するものではなく，「鼻の美容整形を受けて，鼻を削って低くしたい」というものであった。この悩みは，Clにとって「そうしないと，この先どうにも生きていけない」と言うほど深刻なものではあったが，Thが見る限り外見上の様子としてClの鼻や顔に特に大きな特徴があったわけではない。通学の電車内でも，皆が自分の鼻のことを「変な鼻」と言っているという軽い被害感も訴えていた。

家族は，両親，弟，妹との５人家族。父親は神経質そうだが柔和で気さくな印象。詳しい職業は言わないが，高学歴で何かの研究職であろうと推測された。母親は父親の話すことをにこにこしながら聞いている，というタイプ。決して温和という印象はないが，自分ではおっとりした性格だと言う。

家事や子育てに関しても，父親は「自分は主体的に関わっている」と言うごとく積極的に行っていたようである。特筆するような夫婦関係の問題があるようには思われなかった。両親ともに，「自分たちは子どもの自主性，主体性を重んじている」と言い，「息子は何でも自分でものを考えることのできる人になってほしい」と願って子育てをしてきたし，幼い頃から自分の意見をしっかりともってくれるように子どもの言い分をよく聞いてきたと思うと言っている。学業に関してもClに対して無理強いしたことなどまったくなかった。進学校の受験も本人が力試しと言うので受けさせたら合格してしまい，本人も行くと言うので行かせたとのこと。したがって，Clが不登校の状態になったことが信じ難いようであった。

子どもの自主性，主体性の重視という子育てへの姿勢，家事などへの積極的な参加など，比較的，個人主義的な考えを尊重する一方でどこか自己中心的な男性優位の姿勢の目立つ父親像であった。それゆえ，子どもの主体性を重んじると言う父親の姿勢には少し頑なものがあり，外見上の柔和な印象とは裏腹にThは堅苦しさすら感じた（第４回目の面接時に行った両親面接の様子から）。

2）面接過程

　子どもの自主性を重んじると言う両親の教育方針がそうさせるのか，面接開始までの過程で両親から Th への連絡は一切なかったため，Cl の状況に関しての情報は担任や養護教諭から Th は得ざるを得なかった。そうした状況もあってか第１回目の面接（以下，＃１のように記す）からいきなり Cl が一人で来談してきた。

　養護教諭からの連絡どおり，Cl は髪はぼさぼさで少々だらしない服装，無頓着さ，うつろな表情が目立つなど精神病圏を思わせる，一種言いようのない雰囲気を漂わせていた。入室後，30 分間ほどの長い沈黙。Th からの２，３の質問に対し軽く頷く程度の反応は見せたが，終始うつむいたままでいる。長い沈黙のあと突如，「鼻の美容整形を受けて鼻を削って低くしてしまいたい」と言い，この問題を解決しないと学校どころか生きてもいけないなどと切実な思いを語った。長い沈黙の後の唐突な話に Th は驚かされたが，Cl の訴えの内容が「鼻を高くしたい」ではなく「鼻を低くしたい」という言葉であったため，Th はその言葉からさまざまなことを連想した。……「鼻をへし折られる」，「出鼻をくじかれる」，「鼻につく」，「鼻持ちならない」，「鼻高々」「臭い」，「匂う」，「面子」，「面倒」，そして「鼻……ペニス……権威」，「エディプス」etc.

　Cl の語る言葉──日本語──の向こうに，Cl に起こっていたであろう生々しい出来事やそれに伴って生じたであろう生々しい感情を垣間見ることができた。Cl の精神内界で起こっているであろうことが Th にはさまざまに思い巡らされたが，この時点で Cl の精神内界へ深く立ち入ることは効果的とは思えなかったため，"なぜ"「鼻を低くしたいのか」などの問いかけは一切せず，鼻の美容整形という Cl にとって最も現実的な課題をよりリアリティのあるものとして扱うこととした。

　内的状態のメタファとしての悩みの内容（「鼻を低くしたい」）から垣間見ることのできる Cl の生々しい感情や，それに伴う Cl の「困りの実感」（例えば，両価的な感じ，どうしようもない感じなど）を生のまま受けとめつつも，悩みの解決のための具体的な努力の仕方（『悩み方』）の変換をまず目指したのである。

　具体的には，実際に美容整形をするための病院の選択，費用，手術の方法などなどを Cl とともに考え悩むことを行った。Th からのこうした提案や方法に当初戸惑いつつあった Cl も次第に美容整形を現実的なものとして受けとめ，いろいろと自分の要望を出したりした。約 30 分ほどの協働作業であったが，Cl の表情が明るくなった。

＃1の10日後から毎日ではないが，時折登校し始めている。担任によれば，休みだした理由もわからなかったが来始めた理由もまったくわからないとのこと。

＃2では10分間ほどの沈黙の後，話は美容整形の話になった。これまで誰にも話せなかった美容整形の話を前回，Thと具体的に話せたことで，不思議と自分の気持ちが楽になったことを言った。

割り切れない生の感情を，「鼻を低くする」ことで無理に割り切ろうとし過ぎたため生じた両価性が，『悩み方』の変換を通してClにも取り扱うことのできるものとなった。＃1の数日後に美容整形の話を両親に話したらしいが，経済的理由により反対されたらしい。しかしそのことでショックを受けた様子もなかった。

美容整形の話の後，Clの話は機動戦士「ガンダム」の話になった。機動戦士「ガンダム」のコクピットのなかで主人公が正義感に燃えて闘う姿に感動を覚えることなどを，ぼそぼそした話し振りではあるが熱く語った。

闘うロボットとそのコクピットのなかの自分という設定が，攻撃的な感情表出の間接性を象徴的に示していることを感じさせた。しかし，たとえ間接的とはいえ両価的な感情から抜け出しつつあるClの状態がこの「ガンダム」の話のなかで象徴的に示されたことは事例の展開上，大きな意味をもつものであった。

＃3でも「ガンダム」の話が続いた。「ガンダム」の話を理解してくれる友人が一人だけいること，彼とは本の貸し借りもしたりして交流があることなどを話した。

その際，自分には他には誰も友人はいないことを語った。そして，2年生の秋に文化祭の手伝いを皆と一緒にしないことを理由に，クラスの数人の男子に「変な顔」と中傷され，同時に次々と嫌がらせをされたりしていたことを語った。これまで学習成績の高さを誇っていた彼も，この一件でかなり自分のプライドを傷つけられたようで，それ以来，鼻のことを気にするようになったこと，通学の電車内ででも誰かに鼻のことを言われている気がしていることなどを語った。

それまで「鼻高々」でいた自分が，「鼻につく」「鼻持ちならない」奴として，周りの人間から扱われ，まさに「鼻をへし折られた」という全体的な状況が，「鼻を低くしたい」という言葉——日本語——に象徴的に示されていたことが，このとき，明らかにされた。

相談できる友人もなく，家庭では自主性が重んじられるがゆえに逆に『甘え』が許されないという状況のなかで一人苦しんでいたであろうClの苦慮がThには十分に伝わった。

この話に関連してClは自分の鼻は母親似であることも次に語った。これにはTh も驚いたが，あえてこのことには触れなかった。その後，鼻の美容整形を受けられないのは残念だ，とClがポツンと語ったのが印象的であった。

　メタファ的表現とはいえ，悩みの内容が一気に語られたことにTh は不安を覚えたが，案の定その後，＃４，＃５，＃６と連続でキャンセルした。

　Cl によって語られた悩みの内容が家庭内での両親の，Clへの接し方と強く関わっていたため，＃４ではTh からの提案で両親と面接を行うこととなった（以下，＃４，＃５，＃６とは両親もしくは母親のみの面接だが事例の展開上，重要な意味をもつため，あえてCl の面接回数と同じくした）。

　両親像の印象は前述の家族歴のなかで示したような特徴をもっていた。

　＃１後，Cl から美容整形の話を聞き，病的だと思ったこと，対人関係のトラブルがすでに２年生のときにあったのに親はまったく気づかなかったこと，根本的な治療（？）をしてほしいこと，などを父親が話し母親は黙って聞いていた。

　＃４の面接の翌日，母親から面接依頼の電話があり１週間後に母親一人との面接（＃５）。再度，母親が面接依頼をした理由は，自分が母親として何かできるのかを改めて聞きたいこと，意見書をカウンセラーは書いてくれるのかどうかの確認に来たようである。意見書は学校側からの依頼もあってかならず書く予定だとTh が答えたので安心したようだ。

　安心ついでの世間話で，母親は自分は「草むしりが好きだ」と言ったため，Thは，あるケースでの女性が夫に対しての腹立ちを「くそっ！　くそっ！」と思いながらの草むしりで発散させていたことを話すと，母親はけらけら笑いながら"むしる"という言葉から連想される攻撃的な感情について思いをめぐらせていた。そして，「私もきっと，夫に対して腹を立ててるんでしょうね」と続けた。

　こうした話題が予想以上に母親の気持ちを動かせたようなので，Th は続けて「パン作りのススメ」を話した。"むしる"という言葉は同じ攻撃的な感情の表現でもちょっときついので，"むしる"よりもパン作りでの"こねて""たたいて""くさらせて""焼いて""食べさせて"の方が攻撃性のオンパレードみたいで愉快じゃないですか，とTh が言うと母親は喜んだ様子を示した。

　母親はTh から提示された言葉の両義性や同音異義語から連想されるさまざまな感情，例えば，「こねる」→「（駄々を）捏ねる」「ごねる」，「たたく」→「（直接的な意味で）叩く」「（非難する意味で）叩く」，「くさる」→「（気分がめいる意味で）腐る」，「焼く」→「妬く」などに思いを巡らせたようで，「いろいろ考え

ているより，こう考えて事を実行する方が楽だし，本当に効果的ですね」と言い，言事一致の感覚を通した感情表出のあり方が自分にとって扱いやすいものであることを言い，ついでに夫への不満を笑いながら話した。

＃6もClが来談しないため母親の面接。Clの様子に関して母親からの報告によれば，＃5の後（7月の初め頃）からは毎日登校し始め，期末テストも受けたとのこと。

同時にこの頃から母親に対するCl自身の様子にも変化が見られ始め，登校することの辛さや学校生活での不満や愚痴を母親によく話すなど，母親への「甘え」が目立ち始めた。また気分転換と称してはよく友人宅へ遊びに出かけるなど，母親の目から見ても活動的で明るくなり，自分に対しても無理をしている感じが少なくなってきたと感じさせられることが多くなった。

Clの様子の変化の報告の後，母親との面接での話は前回の続きとなった。前回，Thとの間で話題となった「パン作りのススメ」の話は自分にとってとても効果的な話だったと言い，早速，パン作りに励みながら「いわゆる，よくできた人」である夫に対するこれまでの自分の思いについて顧みていたとのこと。そして，息子の変化に応じて自分たちの息子への対応も変える必要があると強く感じたため，夫と話し合う機会を作ったとのこと。

自立的であろうとすることへの自らの拘りを暗に家族へも要求する夫に対して，家族の誰も不満はもたなかったのだが，息子の今回の一件で自分たちがかなり無理してるな，と気づいたこと，夫へもダメおやじでなきゃ息子もしんどいこと，しんどいときは甘えてもいいことなどなどを夫と話し合ったとのこと。しかし，夫は頭ではわかっているようだったが，その後も自分の生活を変えようとはしなかったとのこと。

自立的であろうとすることへのこだわりが取れない夫に対し母親はあきれつつも，こんな夫だから「パン作りのススメ」だけでは通用しないかもしれないと言うので，Thは「それじゃ，ぐつぐつ（ぐずぐず）と煮炊きものでいきませんか」と提案した。すると母親は「そうですね，薄味で何日もゆっくりと煮込むと本当のオフクロの味になるかもしれませんね」と言って笑って返した。

Thが決して意図的に使った比喩ではなかったが，「パン」という言葉からの連想が西洋的なイメージであるのに対し，「煮炊きもの」という言葉からの連想は日本的だったようである。欧米的な個人主義に根差した感情表出のあり方よりも，相手本位の受身的な感情表出のあり方の方が夫には適するのだという気づきが，こ

うした言葉のやりとりを通して母親に得られたことは Cl の進展にも大きな影響があった。

　自立的であろうとすることへこだわり続ける夫の，"こだわる" という姿勢のなかに含まれている「甘え」（土居，1975）に対しても母親は否定的にでなく，受容的，肯定的に受けとめようとし始めたし，そうした母親の家庭内での対応の変化が Cl にも影響を与え，＃5以後の母親への「甘え」の表出につながった。

　＃3の後の約1カ月後の＃7では，Cl は比較的明るい表情で来談。このときも話しぶりは同じくたどたどしいものであったが，精神病圏を思わせる，一種言いようのない雰囲気はほとんど感じられなかった。7月初め（＃5の頃）からは毎日登校し，期末テストも受けたとのこと。

　なんとか学校も行けたし自分にも目標ができたので，カウンセリングは月1回くらいにしてほしいと言ってきた。この要請に対して Th は今しばらくの間，週1回くらいのペースで来てほしい旨伝えたが Cl は自分の主張を通した。父親も Th と同意見であったが，父親に対しても自分の主張を押し通した。

　その後も順調に進んでいたが，2学期に入って間もなく，また急に休み始めた。＃7から2カ月半後のことである。休み始めた理由を誰にも言えずに一人苦しんでいたようであるが，7日間休んだ後の＃10でようやく Th にその理由を話した。

　高1のときに睾丸が反転してしまう病気（？）になり，高2のときに睾丸の一つを除去してしまったらしい。それ以後，そのことが人に知れるのがいやでばれないようにしていたらしいが，2学期に入ってふとしたことから体育の授業の着替えの際に気づかれそうになってしまい，それで以後体育のある日はすべて休んだとのこと。

　この事実は Th にとっても驚きであった。Cl にとって，男性性への同一化の葛藤が身体をも巻き込んだものだったこと，その葛藤の源に父親からの非言語的な「過剰な自立要求」が関与していた可能性が高かったと思えたからである。「鼻を低くしたい」という言葉にはこうした事実も含まれていたのであろう。

　しばらくの沈黙のなかでの，Th と Cl との非言語的な関わりのなかで，Cl が自分に言い聞かせるように，「担任に言ってみます」と言うので，Th の方からも担任と話し合ってみることを約束して面接は終えた。

　＃10後，Cl の方から担任に事情を言い，しばらくは体育を休むことで再び登校を始めた。その後受験勉強に邁進することで，内的な問題への直面は事実上棚上げにした格好でセラピィは展開したが，受験勉強に対する構えに余裕が出始め，

誰にも言わなかった目標を人にも言えるようになり，その目標達成に対する努力の仕方にも柔軟性が窺えるようになった。＃13頃には，短期間ではあったが，ガールフレンドができ，2人で受験勉強に励んでいた。＃14の頃，センター試験の前に3日間休んだがなんとか気を取り直し無事卒業にこぎつけられた。

卒業式の日，面接を始めて以来初めてにこにこ笑って挨拶にきた。いろいろこれからも大変だけど，自分にあまり無理させないでぼちぼちとやっていくこと，受験も今年は到底無理なので来年に向けて頑張ってみることなどを話した。カウンセリングもこれで終わりたいと思うと言ってきた。そして，最後に父親からの手紙をThに手渡した。

父親からの手紙には，「本当の心理治療はこんなものではないと息子にはしっかりと言い聞かせたので，卒業を機会に心理治療を終えてしまうのはやめてほしい。それどころかこれを機会に息子にもっとしっかりと自分の内面を見つめるように先生からも言ってほしい」旨，ワープロ文字の長文が認めてあった。

Ⅲ 考　　察

事例に沿って日本語臨床の意義と，日本語重視の臨床のなかで明らかにされてきた日本人の『悩み方』に関して考察を加えたい。なお，事例検討にあたっては病理的な検討や解釈などに焦点を合わせるのでなく，事例のなかでClによって語られた言葉，特に日本的言語表現の特性が示された言葉に焦点を合わせて行うこととした。

1）日本語（概念）の重視による共感のあり方について

セラピストが日本語や日本語概念を重視する姿勢をもつことで，共感のあり方がどう変わるのかを事例の検討と合わせて考えてみたい。

本事例の理解にあたってのキーワードは「鼻を低くしたい」というClの言葉である。しかも，それは「鼻を低くしたいくらい」という比喩ではなく実際の行為として行いたいというものであった。

明確な病理判断は不明であったが，来談当初のClは軽い被虐傾向を見せるなど，一見，重症の対人恐怖や醜形恐怖様の状態を呈していた。強迫を伴う大部分の神経症者がそうであるようにこのClにとっても，割り切れない生の感情を曖昧な状態のまま置いておくことには耐えがたいものがあったものと考えられる。割り切れない生の感情を，「美容整形で鼻を削って低くする」こと（＝事）で無理に割

り切ろうとし過ぎたため生じた両価性が，Cl の苦慮の根底には存在している。事による割り切りへの強迫性が「鼻」という言葉（＝言）にまつわる体感的な生の感情（例えば，「臭い」，「匂う」）を呼び起こし，言事未分化の段階にあった頃の「鼻」にまつわる"生臭さ"まで呼び起こしてしまったと考えられる。

　ちなみに，Th が事例のなかで感じた「鼻」にまつわる"生臭さ"の心身両義的な連想は，臭く匂うがゆえに「鼻持ちならない」「鼻につく」だし，「鼻を低くする」からの連想は「鼻高々」から「鼻をへし折られる」「出鼻をくじかれる」であった。

　こうした日本語の心身両義性からの連想を通して，Th は Cl への共感的理解の糸口をつかみ，また深めている。Cl に起こっていたのであろう出来事やその事実に関してはこの時点ではわからなかった。しかし，上述したような「鼻」にまつわる"生臭さ"からの連想に関係するような出来事が Cl に起こっていたのであろうことは Cl の語る言葉——日本語——を注意深く聞くことで，Th には予測できたし，その苦慮についても実感できた。

　こうした共感的理解のあり方は，それがクライエントにとって日常的な日本語を通して表現されたものへの共感的理解であるがゆえに，非日常的な言葉による心理学理論や概念による理解に比して Cl の実態やその「実感」に対してより忠実なものとなると考えられる。

　また，同様のことが攻撃衝動の表出に関する Th と母親との言葉のやりとりのなかにも見られた。それはまるで共感のための日本語探しを行っていたようなものであった。Th は母親の日常生活に密着した日本語の使用に心がけながら，母親の内界に潜む「攻撃のおそれ」をうっすらと匂わしつつ言葉（日本語）を選び，母親がそれに応じた。こうしたやりとりのなかから父親のなかにある『甘え』への気づきが得られたことは，日本語の特性が十分に生かされた結果である。

　この結果の示すところは，日本語や日本語概念を重視した臨床での Cl への共感的理解のあり方は，心身両義的であるがゆえに，必然「前言語的な体験過程や感触」（岡，1996）を重視したものとなることである。

　そして，同時に，日本的言語表現の特性の一つとしての出来事全体把握的な側面（池上，1981）が Cl への共感的理解の幅を広げ，その理解が個人の内面に留まらずに，Cl の周りで起こったであろう出来事の全体にまで拡がりをもち，関係性のなかで理解されるものとなることがわかる。

　こうした共感的理解のあり方は日本語や日本語概念の効果的な活用によって得

られるものであるし，このような研究の積み重ねが，わが国独自の心理学理論の形成に役立つものと考えられる。

2)「間接的表現」に関する臨床的考察と日本人の『悩み方』

　日本的言語表現の特性として「間接的表現」を好む日本人が多いことについては先に述べた。それでは，「間接的表現」が臨床のなかでどのように使用され，また臨床上どのような意味をもつのかを次に事例の検討を通して考えたい。

　面接過程でも示したように，事例中の父親の態度には，表向きは個人主義的な考えに根差しているかのような姿勢が窺えたが，実際には『甘え』に基づく日本的な男性優位の考えが根深く存在していた。こうした本音と建前のような「生き方の二重化」が本事例を特徴づけていた。このことは Cl の苦慮からも想像され得るし，また母親の面接中の態度にも表れていた。

　したがって，事例展開中に何度か Cl や母親の内的世界に潜む「攻撃のおそれ」に対して直面させ，明確化させる機会もあったが，事例ではあえてそこには触れずに Cl や母親の間接的な攻撃表現に対し共感することに心がけた。それどころか母親とともに両義的な言葉のやりとりを通して間接的に攻撃感情の表出をはかる工夫さえ行った。

　Th がこうした工夫を行った理由は，本音と建前とで異なる父親の生き方の根底に『甘え』を感じざるを得なかったからである。

　『甘え』は関係性重視，相手本位という対人的態度を示す言葉である。したがって本来ならば，こうしたなかでは個人主義的な考えに根差した自立観は育ちにくくなるはずである。しかし，日本人においては「場と自己の二重性」の「使い分け」（北山，1996）によってこれが可能なのである。

　ところが，ここへ直接的で能動的な形で攻撃感情の表出をはかり，関係性重視，相手本位の形式を破った（つまり，『甘え』を許さない形での）対応が為されてしまうと，それは過剰な自立要求としてしか受け取れなくなる。

　結果，社会に認められるために厳しい自我理想を作り上げてしまうことになる。それは，日本人に特有に見られた対人恐怖症のメカニズムを構成するものであり，それは『恥の文化』に根差した神経症として位置づけられてしまうことになる。

　こうしたことを考えた結果，Th は父親の『甘え』を許容しながらの自己主張や攻撃的感情の表出（間接的表現）をおしはかる方が，直接的，能動的に行うよりは，治療的には効果的だと考えたのである。

こうした関係性重視の態度は Th 自身のもつパーソナリティに由来する態度なのかもしれないが，少なくとも本事例に関してはこうした対応の仕方が Cl や母親にとっては共感的であったしまた効果的でもあった。

　この点に関して一例を出せば，例えば，心身両義的な言葉や同音異義語の使用による間接的な感情表出によって，母親は無理なく夫への攻撃的な感情を Th へ伝えることができ，また共感を得ることができたというものである。

　相手に対して直接的な印象を与える "むしる"（→かきむしる，無視（す）る）という言葉から，直接的，間接的な印象を混ぜ合わせたような "こねる" "たたく" "くさる" "やく" の言葉へとその比喩を変化させていったのは，直接的な印象の強い言葉から複数化による間接化を狙った Th の介入の工夫である。

　「パン作り」から「煮炊きもの」への変化も，西洋的な「パン」の印象の直接性から「煮炊きもの」のもつ印象の間接性への変化も，同様の介入の工夫である。

　Th が「煮炊きもの」の比喩で母親に接した際に，母親が「煮炊きもの」から「オフクロの味」という連想を引き出してきたのは驚きであった。

　西洋的な個人主義に根差した感情表出のあり方よりも，日本的な相手本位の受身的な感情表出のあり方の方が夫には適するという母親の気づきは，父親の "こだわり" の姿勢のなかに含まれている『甘え』への受容だったと考えられる。

　甘えは本質的には両価的なものだとした土居（1975）が，その著『「甘え」雑稿』のなかで，「こだわる」が甘えを指向するものとして指摘していることはこの事例の展開上納得のいくことである。

　一方，Cl 自身が＃2，＃3で示した「ガンダム」の話は言語表現としてではないが，攻撃的な感情表出の間接性を象徴的に示したものとして興味深い。

　闘うロボットとそのコクピットのなかの自分という設定は，Cl の内的世界での攻撃と甘え，言語表現過程における言と事，対社会的な意味での表と裏，本音と建前，etc. とさまざまな連想を Th に思い起こさせた。同時に家庭内における夫婦，父子間の情緒的緊張や対立の様相までをも思い起こさせた。

　一つの事例からの結果をすべて一般的な現象として扱うことは無謀ではあるが，少なくとも本事例の結果から言えることは，日本人にとって自己主張，特に攻撃的な感情の表出に関しては直接的，能動的な表出方法よりも，間接的，受身的な表出方法の方が扱いやすいものであり，この視点は臨床上重要な視点である。

　後に示す直面化，明確化とも関連してくるのだが，クライエントの抱える強い攻撃衝動に関しての直接的，能動的な直面化はかえってクライエントの両価性を

煽ることとなり，抵抗を含めた何らかの副作用を招く可能性があると考えられる。

　また，自立観に関しても日本人は関係性重視のなかで受けとめていることを考えると，臨床のなかでクライエントの独立性や自立性を強調しすぎることがかえってクライエントには厳しい自我理想の要求となって，面接そのものが予期せぬ強い攻撃衝動のはけ口となってしまう可能性がある。

3）「曖昧さ」に関する臨床的考察と日本人の『悩み方』

　先にも述べたが，日本的言語表現の特性として「曖昧さ」に関しては多くの研究者が指摘するところである。これらの研究が指し示すところは，次に示す3つの特性を総合的に指して，「曖昧」と定義付けているのである。

　1つは言語そのものに曖昧さを有する日本語の特性（例えば，日本語が両義的，多義的な言葉や同音異義語を多く含む言語であること etc.）である。

　2つは日本語を使用する際に曖昧な態度を好む日本人そのものの特性（例えば，「ちょっと，そこまで」，「まあまあ」などとぼかす表現が多かったり，対決を好まないがゆえに間接的，受身的な表現が多くなったりすること，etc.）である。

　3つは日本語を使用する際に「表と裏」とを使い分ける日本人の二面性という特性（例えば，同音異義語を使っての「掛けことば」の使用。さらには，一つの言葉を使用する際に語調や語気の使い分けによって二重の意味を相手に伝える方法，例えば，「うそつけ」という言葉を語気強く言う際には言葉どおりの意味ではなく「嘘をつくな」というメタメッセージを同時に相手に伝えている，というような方法も含めて指している。このダブルバインド的な二重の意味（Bateson, 1990）の理解が対人関係を上手くやっていくために必要とされること，etc.）である。

　日本人論を語るにこの「曖昧さ」を指摘すれば事足りるほど，「曖昧さ」に関してはこれまで多くの研究者によって論じられてきているが，その大部分の論考はこの「曖昧さ」に関して否定的に取り扱っていることが多い（例えば，丸山，1961；稲富，1963；会田，1970）。

　しかし，日本人の最も特徴的な傾向としてのこの「曖昧さ」に関して，これまでの研究は主に否定的に取り扱ってきたが，臨床においては（少なくとも本事例のように，厳しい自我理想のもとで「曖昧なものを曖昧なまま保持していく」という曖昧さへの耐性（ambiguity tolelance；北山，1993）が失われたことが症状形成に関係している場合などでは）「曖昧さ」の臨床的活用が Th の共感的理解を

高め，それが症状の軽減に役立ったことを考えると，その曖昧さを肯定的に考えることは重要だと思われる。

　こうした視点は日本人の心理臨床を実践していく上では，一つの重要な視点となる。

　本事例における事例展開上の大きな特徴は，Th によって終始一貫してとられた「曖昧さ」の重視とその活用にある。

　その過程は直面化（confrontation），明確化（Clarification）の過程ではなく，曖昧化（obscuration；北山，1993）の過程とも言うべきものである。この曖昧化の過程をいかに促進させ，Cl に「曖昧さ」への耐性を作るかということが重要な治療課題であった。

　「鼻を低くしたい」という問題が Cl によって提示されたときも，先に記したように「鼻」にまつわる"生臭さ"への直面よりも，「そこに置いたまま，または曖昧にしたまま」「間接化する」ための工夫を行った。また，Cl の内界に潜む「攻撃のおそれ」に関しても明確化を促進するよりも，間接的な攻撃衝動の表出の工夫をさまざまに行っている。こうした曖昧化の促進に関しては最後まで父親は納得できていなかったようであるが，そうした父親の申し出に対しても積極的な対応はあえて行わなかった。それは，この時点での Cl の精神内界への内界探索的な介入は，その介入そのものが Cl に「直面化」「明確化」を要求するものとなるため，この事例での最も重要な治療課題である「曖昧さ」への耐性を作るという方針と反し，Th が Cl に向けて厳しい自我理想を突き付けることと同様の意味をもつということになり，決して治療的とは考えられなかったからである。

　しかし，終結時での Cl の「自分に無理をさせないで，ぼちぼちやっていく」という言葉は Cl の「曖昧さ」への耐性の高まりを示すものであり，同時に症状の軽減も見られていたため，Th はこの時点でのセラピィの終結を決めたのである。

　こうした臨床の経験を通して言えることは，日本人の心理臨床を行っていくうえではこのような曖昧化の過程の促進という視点は非常に重要なものになるということである。

　その過程は北山（1988）の言葉を借りて言うならば「話を置いておく」という作業を通しても Cl に得られるものであり，また，増井（1994）の言葉を借りて言うならば積極的に治療的な「間」を活用するという作業を通しても Cl に得られるものである。また，クライエントの精神内界に積極的に触れるよりも，人生のあり方をさまざまの体験を通して体得させ，そのなかから『あるがまま』という

心境を会得させようとする森田療法（高良, 1976）のなかにもそうした過程が含まれている。

　以上，「曖昧さ」に関しての臨床的活用について述べたが，こうしたあり方はその拠り所とする治療観が西洋的な因果論や個人主義，合理主義，人間中心の哲学に根差すのでなく，関係性重視，全体主義，自然中心の哲学（池上, 1981）といった日本人特有のものに根差しているため，直面化，明確化を主としてその臨床技法とする西洋的な心理学理論や概念からは理解しにくいものになると考えられる。

　しかし，本事例を通して「曖昧さ」の臨床的活用が Cl にとって効果的であったことを考えると，日本人にとっては（少なくとも臨床的には）この「曖昧さ」という概念がいかに重要なものであるのかが筆者には実感できた。

　そして，「曖昧さ」の根底には関係性重視，全体主義，自然中心の哲学が存在しているのだと考えると，クライエントが「曖昧さ」のなかで生きていくということとは決して曖昧に生きるということに繋がるのでなく，「曖昧さ」のなかに一貫して流れている『確実なもの』（例えば，「全体のなかで生きている自分」「関係性のなかで生きている自分」「自然とともに生きている自分」に対する実感など）を十分に味わいながら自然とともに平和に生きることを大切にすることに繋がるのだと実感できた。

文　　献

会田雄次（1970）日本人の意識構造．講談社．

Bateson, G.（1972）Step to on Ecology of Mind.（佐藤良明訳（1990）精神の生態学．思索社.）

土居健郎（1971）「甘え」の構造．弘文堂．

土居健郎（1975）「甘え」雑稿．弘文堂．

芳賀　綏（1979）日本人の表現心理．中央公論社．

池上嘉彦（1981）「する」と「なる」の言語学．大修館書店．

稲富栄次郎（1963）日本人と日本文化．講談社．

板坂元（1971）日本人の論理構造．講談社．

神田橋條治（1984）精神科診断面接のコツ．岩崎学術出版社．

金田一春彦（1975）日本人の言語表現．講談社．

北山修（1988）心の消化と排出—文字通りの体験が比喩になる過程．創元社．

北山修（1993）言葉の橋渡し機能．日本語臨床の深層Ⅱ．岩崎学術出版社．

北山修（1996）日本語臨床Ⅰ「恥」．星和書店．

丸山眞男（1961）日本の思想．岩波書店．

増井武士（1994）治療関係における「間」の活用―患者の体験に視座を据えた治療
　　論．星和書店．

松木繁（1991）『悩み』の解決と『悩み方』の解決―『悩み方』の解決に焦点を合わ
　　せた二つの事例とその考察．心理臨床学研究，9(2); 4-16.

宮本忠雄（1974）言語と思想．平凡社．

妙木浩之（1989）言葉と精神療法の現在．In：北山修・妙木浩之編：言葉と精神療法．
　　現代のエスプリ，264; 25-37.

成瀬武史（1979）言葉の磁界―日本語に探る「甘え」の構造．文化評論出版社．

岡昌之(1996)共感における体験過程と感触の意義．心理臨床学研究, 13(4); 353-364.

鈴木孝夫（1973）ことばと文化．岩波書店．

高良武久（1976）森田療法のすすめ．白揚社．

豊永武盛（1987）あいうえおの考古学．人物往来社．

豊田国夫（1980）日本人の言霊思想．講談社．

附録
松木メソッド・マニュアル

附録

松木メソッド・マニュアル Part 1

効果的な臨床催眠を行うための手引書 1

---

［1］ はじめに

I　本手引書の位置づけ——効果的な臨床催眠を行うために

　本手引書は，臨床現場において患者，クライエント（以下，総称して CI）に対して効果的な臨床催眠を行うための臨床催眠実践の手引書です。そのため，催眠原論や催眠研究諸学派の基本的な催眠理論についての教科書・指導書ではありません。したがって，EBM（エビデンス・ベースド）に基づく催眠研究や脳科学を中心とした実験・基礎的な観点からの催眠研究に関しては，章末に筆者お勧めの催眠研究の書物を古典的・伝統的な催眠研究に関するものから現代催眠に関するものまでを数冊程度掲載しておきますので，そちらを参考に各自の努力で補うようにして下さい。

　臨床現場で催眠を効果的に使用するために，我々，臨床家は，特に，医療現場では，基本的には EBM に基づき構成されたパッケージ化技法を使いこなすことが重要であり，これは催眠療法を志す者の基本的な姿勢であります。しかしながら，一方では，臨床的事実として，事例によってはそれらの症状の背景にある心理社会的要因の複雑さ（多重性，多層性とでも表現すべきか）ゆえに，客観的に統制された技法だけではなかなか太刀打ちできない事例にも数多く出くわすことがあります。そのために，本手引書では，基本的なパッケージ技法だけでなく，面接場面における CI の個別性を尊重し，"今ここ"での「語り」に注目して，その心理社会的要因の解明のために，NBM（ナラティブ−ベースド）なアプローチを試みて，EBM と NBM とを相互補完的に使って臨床実践が行えるような手引書になるように構成しています。

　そして，今回の手引書では，それをさらに発展させて，ある意味では深めて，CI

の無意識に届くコミュニケーション・ツールとしての催眠現象を扱えるようになる"コツ"まで伝えることができればと考えています。そうした意味では，先に述べた EBM と NBM の相互補完的なアプローチ方法に加えて，RBM（リソース—ベースド）なアプローチ方法の手引書になるかもしれません。ただし，最後の RBM に根差したアプローチを実践するためには，Cl — Th 間の共感的な関係性や Cl の主体性を尊重する臨床姿勢が求められます。本書や昨秋に刊行した拙編著（「催眠トランス空間論と心理療法」）において何度も私が強調してきた臨床観や人間観，自然観を持つことが，本手引書を有効に活用するための最も大事な条件となることを最初に示しておきます。

　なお，"松木メソッド"という言葉は，この春にアメリカで刊行される予定の Mark P. Jensen Ph.D 編著の"The Handbook of Hypnotic Techniques Book"に掲載予定の，筆者の"The Matsuki method: Therapists and clients working to together to build a therapeutic 'place' in trance"（仮題）のタイトルから選んでつけたものです。

II　"松木メソッド"（「催眠トランス空間論」）を支える
臨床観・人間観・自然観

　"松木メソッド"（「催眠トランス空間論」）の具体的な誘導技法や臨床適用技法を述べる前に，この技法論を支える筆者の臨床観・人間観・自然観を述べておきます。本書でも何度も述べたように，「催眠トランス空間」を支えているものは，「Cl — Th 間の共感的な関係性に基づく共有空間」であり，「Cl — Th 間で協働する双方向的な相互作用の"場"の構築」であります。そこには，すでに，催眠療法が Th 側からの一方向的な働きかけによるものでなく，Cl の自主性や主体性を尊重する Th の臨床姿勢や態度によって支えられたうえでの Cl との協働作業によって成り立っているのだという私の臨床観が基本に据えられています。

　こうした臨床観は基本的には，日本人が好む「関係性重視」（杉坂，1971；松木，1998 etc.）の人間観に加えて，「自他非分離」（西田，1991），「動的調和」，「リズム論」（中村，2000），「関係性調和」（清水，1990）を説く日本的"場"の理論に基づく日本的自然観や，心身一如を重んじる東洋的身体論（市川，1984；メルロポンティ，1933）に根差していることも理解しておくのが重要です。機会があれば，必ず一度はこの日本的"場"の理論や東洋的身体論について学んでおかれることをお勧めします（文献は本書参照）。

附録　松木メソッド・マニュアル Part 1   *103*

こうした自然観や身体論は，筆者の主張する「催眠トランス空間論」（"松木メソッド"）を支える基本的な思想です。この観点から突き詰めていくと，筆者の実践する催眠療法はある意味ではホリスティックなアプローチと言えるのかもしれません。日本的"場"の理論や東洋的身体論とが何ゆえ，催眠療法を実施するのに必要なのかに関して興味を持たれる人は，筆者の編著書である，『催眠トランス空間論と心理療法─セラピストの職人技を学ぶ』（松木，2017）および本書で紹介したそれぞれの理論と催眠療法との関連に対する説明を参照下さい。いずれにしろ，筆者の催眠誘導技法や臨床適用技法は，Cl の"より良く生きようとする力"を信じ，Cl との協働作業を通して彼らの主体的で適切な問題解決の努力を援助する臨床姿勢が基本にあることを理解したうえで，以降のマニュアルを読み進めていって下さい。

［2］松木メソッド・マニュアル Part 1

Ⅰ　はじめに

　ここで示す，マニュアルは，本来は，古典的・伝統的な誘導技法をお伝えするためのものではなく，これまで示してきたように，Cl との共感的な関係性に基づく共有空間としての「催眠トランス空間」をいかにして構築するかという流れで構成されています。

　その基本的な流れやこれまでの古典的・伝統的な流れとの比較は，拙編著，『催眠トランス空間論と心理療法─セラピストの職人技を学ぶ』（2017）の第6章，p.70，図4に示した「Cl ─ Th 間の関係性を尊重するスタイルの催眠療法の流れ」（"松木メソッド"）を見て頂ければよく理解できると思います。

　しかしながら，催眠療法をこれから目指そうとする，もしくは，臨床現場での初期対応としての催眠療法を少しずつでも実践していきたいと思う人のために，古典的・伝統的な催眠誘導の流れに沿って臨床適用暗示を使うという形での誘導技法も併せてマニュアルの中に入れ込んで構成するようにしました。その形での催眠誘導は，「導入段階」⇒「誘導段階」⇒「深化段階」⇒「臨床適用段階」⇒「覚醒段階」という流れに沿って行うという従来からの催眠誘導技法になりますので，現代催眠における誘導技法とは多少異なる点があることは事前に理解しておいて下さい。

現代催眠の場合，特に，"松木メソッド"の場合は，催眠導入段階から覚醒段階に至るまでの各段階において，臨床適用暗示を"織り込み"，"編み込み"ながら催眠誘導を展開させるのですが，そうした介入の仕方自体が難しく，それが理由で催眠療法に馴染めないという声もよく聴きますので，そうした催眠誘導技法に慣れるまでは，ある程度，パッケージ化されたこうした技法を使って行うように心がけて下さい。

特に，導入段階で実践する「体感のフィードバック練習」や「安本式リラクセーション技法」は，対象となる Cl の状態像とは関係なく，ある程度パッケージ化された方法として，初期対応の段階で使えるように構成されています。初心者のうちは，このような技法を使いながら Th 自身も催眠誘導することに慣れていくことをされると良いのかもしれません。ただし，そうした誘導技法に慣れた後は，やはり，Cl のニーズに応じた形で臨床介入ができる誘導技法を使って行かれるようにするのが良いと思います。

では，そうした流れを意識して，以下に催眠療法の導入準備段階から順にマニュアルを示していきます。

Ⅱ　導入準備

催眠療法を始めるにあたって，以下の 5 つの点に気をつけて準備を進めるのが，Cl に負担のない形での導入ができるので参考にして下さい。

1）催眠の神話や誤解を解く。
2）被暗示性テスト。
3）インフォームドコンセント。
4）催眠療法を行う"場"を整える。
5）事前面接での Cl の「語り」を聴く，そして，「語られない言葉」からのメッセージを非言語的な行動や表情から観察し思いを馳せる。

この点に関して，以下に順に説明を行っていきます。

1）催眠の神話や誤解を解く

まず，催眠誘導を始める前に，催眠に対する基本的な理解を Cl と共に話し合い，催眠への神話や誤解を解くことが重要になります。催眠療法を求めて来談する Cl

の多くは，マスメディアを通して流されるショー催眠の影響を受けてか，多かれ少なかれ，催眠に対する神話や誤解を持っています。例えば，催眠療法には万能的な力があると信じて劇的な効果を期待していたり，逆に，催眠に誘導されてしまうと，人は意識を失い催眠者の言いなりになってしまうといった被操作感や被支配感などの誤解を持っていることもあります。こうした神話や誤解を取り除く作業は，後の催眠誘導の過程をスムースに進めるためには重要な作業になります。筆者の場合は来談される Cl が医師や心理士の紹介によって来談されることがほとんどなので，そうした作業は不要なことが多いのですが，それでも過剰な期待を持ってくる Cl も多くあり，時には，「催眠から覚めたら，このうつの状態がすっきりとれるようにして下さい」などと依頼される場合もありますので，「催眠療法は決して催眠者の一方的な指示で進められるのでなく，Cl と Th との協働作業なのだ」ということを強調して説明するようにしています。

　催眠に対する神話や誤解を解くために，被暗示性テストを行い実際に体験してもらうのが最も効果的ですので，その具体的な方法について次に書くことにします。

２）被暗示性テスト

　筆者が臨床現場で行う被暗示性テストは最もシンプルな「腕下降」の観念運動を使います。以下に，その例を示すと，

〈被暗示性テストの教示例〉

　「それでは，今から催眠がどのようなものかを理解するために被暗示性テストを行います。では，自分の利き腕を，掌を上向けにして，目の前に真っ直ぐに伸ばしてくれますか？…〈Cl，頷き，その動作を行う〉…それでは，その掌に気持ちを集めて下さい……いいですか？……今から，あなたの掌の上に何か重たい物，例えば，本とか電話帳とかを載せますので，それらが載ったと想像して下さい…〈合図〉…はい，載せました…〈Cl は腕に集中〉…そう，掌に集中していると，だんだんと手が重たくなってくるのがわかりますね？…〈Cl の反応を見て，それに合わせるように〉…そう，だんだんと重たくなって手が下へ降りてきました…〈Cl が反応〉…だんだんと重たくなります…〈Cl が反応する様子を観察したうえで〉…はい，上手にできました。掌の上に何も重たい物が載っていないのにまるで載ったかのように重たくなってきたでしょう？…〈Cl，頷き〉…こうした催眠反応のことを観念運動と言います……自分が思う（観念）ことによって随意筋が

不随意に動いてしまうという現象です。何だか不思議な気がしますが，正常な反応なのです……でも，この時，どうですか？　自分の意識がなくなっていたり無理やりやらされたりしたのではなかったでしょの？…〈Cl，頷き〉…自分の目で確かめながら腕が移動していたのがわかったことと思います…〈Clの理解を確かめる〉…（以下，略）」

　以上が，被暗示性テストの標準的な技法です。非常にシンプルな方法なのですが，Thからの「腕に気持ちを集めていると，だんだんと腕が重たくなって下に降りてきます」という暗示に対して，通常は，Clは腕に気持ちを集中させるにしたがってスムースに腕が降りてきますが，あるClは意識を集中すればするほど腕がそこに留まったままになりカタレプシーを起こしたように固まってしまう場合もあります。中には驚くことに，下へ降りてくるはずの腕が意に反して（？），下降するどころか暗示と異なる反応で上に行ってしまう場合もあります。
　この被暗示性テストを行うことの利点は，Clが催眠に対してどのような印象を持っているのかがわかるだけでなく，催眠者への態度や，時には，対人関係に対するClの対処行動が象徴的に示されて理解できることなのです。この被暗示性テストを実施した後に，その反応の意味するものを伝えたりして，Clとのラポール形成を確かなものにすると同時に，この段階で，「催眠がThの一方的な誘導によって進められるのでなく，Clとの協働作業なのだ」という話をして，Clとの治療同盟を結ぶようにすると，後の催眠誘導が非常にスムースになってくることが多いように思います。

3）インフォームドコンセント
　次に，導入準備で行うべきインフォームドコンセントについて示しておきます。多くのClにとって催眠経験は未知のもので，催眠状態になった時に自分がどのような反応を起こすのか，また，事例によっては，催眠状態で自分の症状がどのような変化を起こすのかがわからないために，安心して催眠状態を受け入れにくくなっていることがあるので，ここでは，何のために催眠を使おうとしているのか，それはどのような科学的根拠に基づいて行われるのかを説明しておきます。そのことで，Clの催眠に対するモチベーションも高まり，催眠への肯定的な期待感も高めることができるのです。特に，医療の現場で催眠を使う際は，できれば，その症状に対して催眠が一定のエビデンスがあることを説明するとClは非常に納

得されるようです。

　そうした説明に加えて，催眠状態に誘導されることによって生じる幾つかの代表的な反応，例えば，弛緩感優位の反応（リラクセーション，重感，温感 etc.），カタレプシー反応（硬直感，痺れ etc.），稀に生じることのある自発的除反応（流涙，感情の昂ぶり etc.）などについて，事前に，起こり得る反応として説明し，これらの反応はすべて正常な反応であること，また，これらの反応は催眠誘導によって生じたものであるので，逆に，催眠誘導によって必ず反応を消去させることも可能であることを前もって伝えておくと非常に安心感が高まるようです。

　ただ，こうした際に Th に求められる催眠使用への心構えとして必須のことがありますので，それを以下に示しておきます。筆者の場合は，催眠を臨床適用する際に，必ず，以下の点について自問自答しながら催眠を導入しています。

〈催眠を臨床適用するにあたっての Th の心構え〉

　（1）催眠療法を行う Th は，そもそも何のために催眠状態という非日常的な状態を作る必要があるのか？

　（2）その状態の中で，Th は催眠を使って Cl に対して何を働きかけようとしているのか，その現象を通して何を治療に利用しようとしているのか？　Cl の心身の働きのうち，どこに，どのように影響を与えようとしているのか？

　（3）催眠誘導に対する Cl の反応は，Cl の病態像，催眠感受性，動機づけ etc.によって千差万別であることに思いを馳せることができているであろうか？

　（4）催眠を通した Cl への働きかけは Th からの一方向的なものではなく，心理療法に最も重要なエッセンス，例えば，Cl － Th 間の「関係性」や「相互作用」が治療効果に強く関係していることに十分に思いが馳せられているであろうか？

　4）催眠療法の "場" を整える

　本書の中でも随所で強調しているように，"松木メソッド"（「催眠トランス空間論」）は，治療の "場" としてのトランス空間を非常に重要視します。催眠療法における治療の "場" は，「Cl － Th 間の共感的な関係性に基づく共有空間」であり，「その空間では，Cl － Th 間で協働する双方向的な相互作用の "場" として機能する」ことが重要なのです。したがって，その構築のために私が普段の臨床現場で大切にしていることは，催眠療法を行う "場" そのものが Cl にとって安心・安全な場であるかを考えることです。

こうした配慮は，何でもないようなものに思われがちですが，催眠誘導が始まった際に Cl が示す反応のうちの幾つかは，催眠療法を行う"場"の影響を受けたものも見られることが多いのです。例えば，座った際の足元が冷えるような条件などでは，催眠誘導中に自律神経系の反応が冷えのために通常とは異なる形で展開してしまったりするのです。したがって，筆者は，催眠を実施する前に，

（1）部屋の空気の流れ：窓が締め切られて圧迫感が無いか，息苦しくないか，冷えを感じさせる状態（夏場はクーラー温度）ではないか。
（2）部屋の光の加減：部屋の明るさ，暗さが適切か，眩しくないか，ブラインド，カーテンによる調整が可能か。
（3）水（湿度）の加減：温度・湿度のチェック，湿気を感じさせる場所はないか，水はけの悪い場所はないか，等。

をチェックすることにしています。
　加えて，Cl の座り姿勢なども調整をよく行います。Cl が催眠を行う椅子に座った際に，座り姿勢に無理がないか，左右・上下・対角線のバランス調整がうまくいっているか等をチェックし，もし，座り姿勢に緊張感を感じる場合はひざ掛け等をかけて調整をしてもらったりもしています。また，Cl が身に付けているものにも注意を向けるようにして，時には，必要に応じて，めがね・ネクタイ等を外してもらったりしながらバランス調整を行ってもらったりしています。

5）Cl の「語り」の傾聴と「語られない言葉」による無意識からのメッセージへの共感的理解

　この点についても，すでに，拙著の中で何度も強調してきているので繰り返しになってしまいますが，催眠現象（催眠誘導に対する Cl の反応）を Cl － Th 間のコミュニケーション・ツールとして活用するためには，「語られない言葉への注目」は非常に重要なのです。それは，Cl の「語り」に傾聴しつつも，「語られない言葉」から醸し出される Cl の思いに Th 自身も同時的に思いを馳せてみると，Cl がまだ言語化できていないが，「今，まさに言葉になろうとしている現在進行形の体験」（Bandler, 2012）が Th にも生々しい体験として感じとれるようになるからなのです。的確な言語表現としての「語り」としては表出されないものの，今，まさに言葉になろうとしかけている"現在進行中の体験"を Cl は催眠トランス空

間の中で"無意識的なメッセージ"として Th に伝えているという理解をすることが重要なのです。この点での理解が進んでくると，催眠誘導過程における「間接暗示」の暗示構成が長けたものになってくるでしょう。

Ⅲ 催眠導入段階

　導入準備が済んだ後，いよいよ催眠導入段階に入っていくのですが，その前に，体感のフィードバック練習を兼ねて軽い催眠状態に馴染んでもらうのが，その後の催眠誘導の際に抵抗なく安心してやって行けるようなので，今回のマニュアルではそこから入っていくようにします。筆者も普段の臨床場面では，自身の体調管理も含めた準備を整える意味で，現在でも，よく行いますので参考になると思います。以下に，筆者が普段行っている体感のフィードバック練習を，暗示文を含んだ誘導手引きを示しながら説明します。

1）体感のフィードバック練習

　体感のフィードバック練習を兼ねて，Cl に軽い自己催眠体験を行ってもらいます。体感のフィードバック練習を行うことによって，自身の身体と向き合う構えができてきて，結果として，心理的にも内界志向的な構えができあがってくる様子が見られるので，初期段階での効果的なアプローチと言えます。ただし，体感のフィードバックそのものがとても苦手なタイプの人には，その前に，河野式 AT（自律訓練法）（河野, 1979）による軽いトランス体験と集中練習を行ってもらってから実施します。河野式 AT は，河野良和先生が開発された自律訓練法ですが，この方法は後の催眠誘導を行う前の導入段階での軽いトランス体験と集中練習としては，非常に Cl に受け入れやすく，また，Cl が軽いトランス体験をする際にどのような体験を行うかを把握するのにも役立つ方法なので，筆者は事前練習として活用させてもらっています。ただ，ここで誘導の手引きのようにして紹介する訳にもいきませんので，詳細な河野式 AT のプロセスの詳細については，河野良和先生の著書を文献欄に掲載しますので参考にして下さい。こうした方法を Clには自己催眠として覚えてもらい，1 日に 1 回実践してもらうように習慣化させていくとさらに効果的な方法として役立っていきます。

〈体感のフィードバック練習——自己調整法として〉

　この方法は，Cl が自分の体感をフィードバックしながら全身を順番になぞっていきながら，自分の身体の緊張した場所や違和感のある場所に気づいて，それを

自分で自己調整しながら進めていく方法です。「温かいお湯が身体の皮膚の表面を伝わっていく」ことをイメージしてもらいながら，頭の上から順に進めていきます。

　この方法は，通常は，（1）頭・顔　⇒　（2）肩・首周り　⇒　（3）腕・肘・手首・掌・指先　⇒　（4）太腿・膝　⇒　（5）脹脛・踵・足裏　⇒　（6）肩・肩甲骨・背中　⇒　（7）腰　⇒　（8）胸　⇒　（9）胃・下腹部　⇒　（10）再度，全身をなぞる，という流れで順に実践していきますが，慣れてくると Th の観察に基づいて順番は変えていくのが効果的です。Cl によっては，自身の集中しやすい場所から始めていくのが効果的な方もおられますので，その辺は適当にアレンジして行うのが良いようです。以下に，導入の教示部分を具体的に示してみます。

　〈教示・暗示例〉

　「それでは，今から自分の身体の感じをフィードバックしながら，緊張した部位や違和感のある場所に気づいて，それを自分なりの方法で自己調整していく方法を一緒にやって行きたいと思います……いいですか？…〈Cl，頷き〉…では，頭の上から温かいお湯が皮膚の表面をゆっくり流れて伝わっていくと想像してみて下さい……そのお湯が頭の表面を伝わるのをなぞるようにして，じわーっと温かさが感じられてくるのを感じてみましょう…〈Cl の様子を確認しつつ〉…そして，そのお湯が頭から顔にゆっくりと流れてきて……じわーっと顔の表面，おでこから目の辺り，眉間の辺りにも流れてきて……じわーっと柔らかい温かい感じがしてきます…〈Cl の様子を確認しつつ〉…そうですね。もし，ここで顔の辺りに緊張した感じを感じるならば，少し，自分で目をぎゅっとつぶったり動かしたりして緊張をほぐすようにしてみて下さい…〈Cl が目の周りにギュッと力を入れて，その後，力を抜く様子を確認して〉…そう，そうしてギュッと力を入れて，その後，抜いてやると弛緩した感じがよく感じられているでしょう…〈Cl，頷き〉…では，順に鼻の周りから頬の筋肉にお湯が流れてくるのをイメージして，先と同じように力が入っていたのがゆっくりと抜けるのを味わいながらやって行きましょう…〈Cl，頬にぎゅっと力を入れて抜く様子〉…そう，そうして頬の辺りから口の周りまで緩んできたのがわかりますね…（以下，略）」

　このような流れで順に頭・顔から全身にわたって体感のフィードバックを行い，違和感のある場所は Cl 自身が身体を動かしたりして自己調整を行う形をとって

いくのです。

2）安本式リラクセーション催眠（安本・松木，1980）

　次に，この方法も，ある程度，パッケージ化された手順で示しておきますので，催眠療法の初心者で，しかしながら，臨床での初期対応として催眠療法を使いこなしたいと考えている臨床家にとって役立つリラクセーション技法を紹介したいと思います。この方法は，私の恩師の故 安本和行先生が考案し日々の臨床でよく使っておられた技法で，筆者自身も初心者の頃はいつも使っていたものです。手順は以下の流れで行います。

　①３回深呼吸。
　②体感のフィードバックを行いつつ全身の弛緩感を味わう。
　③重感練習（右腕・左腕・全身）。
　④メンタルリハーサル（青い海・青い空のイメージ）。
　⑤５回深呼吸後，覚醒。

①３回深呼吸──体感のフィードバックを行いつつ全身の弛緩感を味わう
　　〈教示・暗示例〉
　「今からリラクセーション法を行っていきます。椅子の楽に座ってゆったりとしておいて下さい……では，最初に大きく３回深呼吸します…いいですか？　はい，では，大きく息を吸ってー，そして胸いっぱい吸い込んだら，今度はゆっくりと吐いていきましょう……そう，一息吐くごとに体中の力も少しずつ抜けてきて，らくーに感じられてきます。いいですか？…〈Cl，頷き〉…はい，では，２つ目の深呼吸をします…《同じ要領で３回深呼吸をする（中略）》…〈息を吐き終わったのを確認して〉…では，呼吸を普通のいつもの呼吸に戻します……呼吸がいつもの呼吸に戻ると，次第に心も落ち着いてきます…（以下，略）」
　こうして呼吸が整ってくる頃合いを見計らって，次に，体感のフィードバックを行いつつ全身の弛緩感を味わうところへ移ります。
　「呼吸が落ち着いてくると，だんだんと気持ちも楽になってゆったりとしてきます…〈Cl の様子を確認しつつ〉…では，今から身体中の力が程よく抜けてきて，緊張しすぎていたところは次第に力が抜けてリラックスできてきます……」
　と声をかけつつ，Cl がゆっくりとした気分になってリラックスするように誘導

します。頭の上から足先までゆっくりと弛緩感を味わえたら，次に，重感練習に入ります。

②重感練習（右腕⇒左腕⇒全身⇒重感の消去）

〈教示・暗示例〉

「では，今から私が合図をすると，あなたの右腕が少しずつ重たく感じてきます。いいですか？…〈合図〉…はいっ！…〈Clの右腕が反応してきて，次第に右に傾いてくると〉…そう，だんだんと右腕が重たくなって右に引っ張られてくるのが良く分かりますね…〈Cl，頷き。反応が続くのを確認して〉…そう，だんだんと身体も右に傾いてきました…〈Clの反応を確認しながら〉…そうしたら，次に私が合図をすると今度はこの重たくなった右腕は軽くなってきて，代わりに，その重たいのが左に移って左腕が重たくなってきます……いいですか？…〈合図〉…そう，右腕は風船のように軽くなってふわーっと浮かんできて，今度は左腕が重たくなってきました…〈Clの動きを確認して〉…そう，だんだんと左腕が重たくなって……身体も左の方に傾いてきました…〈Clの動きを確認〉…どんどん重たくなって，左の方に引っ張られていきます…（以下，略）」

　このような声かけをしながら右腕・左腕・全身（上半身）の重感を味あわせて，最後に全身の軽い感じを実感させるように誘導を続ける。Clの反応がそれに応じて反応が続いたならば，その軽い感じを味わったまま，次のイメージを使ったリラクセーションを目的としたメンタルリハーサルに誘導を続けていく。リラックスした状態の中にいるClに向けて。

③メンタルリハーサル（青い海・青い空のイメージ）

〈教示・暗示例〉

「目の前に広く大きな海がイメージされてきます。何となく思いうかべる程度でも構いませんので想像してみて下さい…〈間〉…波もほとんどなくてとっても静かな海です……あなたは今，その海の見える海岸の砂浜のところでぼんやりと海を眺めています……海はとても広くて大きいなあ……波もほとんどなくて穏やかです……そして，心も穏やかです…〈間〉…少ーし右の方に目を移すと小さな島が見えてきます。その島の陰には白い帆を張った船が静かな波に揺られながら，気持ちよくゆらゆら浮かんでいます…（中略）…ずーっと遠くの方に目をやると水平線が見えてきて，その水平線の彼方からあなたの頭の上いっぱいに青いー空が拡がっています……見上げてごらんなさい……とってもいい気持ちです…その空の中には白いー真綿のような雲がふたーつ，みっつぽかんと浮かんでいます……

なんだか心が落ち着いて，つまらない心配事やいらいらしていたことも気になら
なくなってきます…（以下，略）」

　このような自然の風景を眺めてもらいながらリラクセーション体験を深めても
らうのです。催眠療法の面白いところは，この風景のイメージも Cl によっては見
え方がまちまちで，親子間の愛情の授受で葛藤があったりすると，静かな穏やか
な海は見えず冬の日本海のイメージに変化したりして，Cl の心の状態を推し量っ
たりするのに役立つので興味深いです。
　そして，最後に覚醒の手続きを行います。

④覚醒の手続き

〈教示・暗示例〉
「では，私が合図をすると，もう目の前に浮かんでいた海と空の景色も全部消え
てしまいます……いいですか？…〈Cl の反応を確認して，合図〉…はいっ，消え
ました……では，最後に 5 回，私と一緒に大きく深呼吸をして目を開けましょう
……5 回目の息を吸いきったところでパッと目を開けます……いいですか？……
はい，ひとーつ…〈Cl に息を合わせるように〉…いい気持ちですね……ふたーつ
…（以下，略）」

　覚醒後は必ず「いい気持ちだったでしょう！」との声かけを忘れずにする。覚
醒後に，催眠中の気分や身体の感じなどを振り返って聴いて，この方法は終わり
ます。この程度の誘導であっても Cl によっては深いトランス体験をされる方もい
ますので，その感想をしっかりと聴くようにしましょう。この方法はほとんどパ
ッケージ化されたものですので，Th が催眠療法に慣れる意味でも積極的に使って
催眠現象そのものに慣れていく良い練習になると思います。
　以上，催眠導入段階での準備練習としての技法の紹介を行いましたが，先にも
述べたように，ここまでで紹介した誘導技法は古典的・伝統的な色合いの強いも
のとなりましたし，ほとんどがパッケージ化された方法になります。何度も繰り
返しますが，催眠療法は Th が催眠誘導によって Cl に生じる現象そのものを体験
していること，その体験の過程が誘導暗示の出し方によってさまざまに変化を起
こすことを体験して，その“意味性”に思いを馳せることができることが重要な
ことなのです。

Ⅳ　催眠誘導段階

"松木メソッド"を臨床効果の高い技法として行うためには，この誘導段階での Cl － Th 間の共感的な関係性に基づく共有空間としての「催眠トランス空間」作りが最も重要になってきます。古典的・伝統的な催眠誘導技法が Cl を催眠状態（変性意識状態）にまで持って行くことが重要であったのに対して，"松木メソッド"では，そのことだけでなく，Cl － Th 間の関係性やコミュニケーションのあり方にも重要なポイントを置いていることにあるのです。換言するならば，催眠療法が効果的なものになるかならないかは，Cl がより深い催眠状態にあるかないかよりも，催眠誘導過程における Cl － Th 間の関係性がより良いものであるかないか，そして，Cl の無意識から届くコミュニケーション・ツールを Th が Cl との協働作業のツールとして使いこなせるかにかかっている，と考えるのが臨床的事実に沿って言うならば妥当であるのです。ここの勘所をしっかりつかまないと"松木メソッド"は本物にはなりません。その点を改めて強調したうえで，実際的な催眠誘導のマニュアルについて書いていきたいと思います。

1) 催眠誘導段階で Th が注意すべきこと

実際に催眠誘導過程を進めていく際に，Th が知っておくべきことを以下に書いておきます。ここに示す注意点は古典的・伝統的な誘導技法の際にも同様に大切なものではあるのですが，現代催眠，特に，"松木メソッド"においては最重要ポイントですのでしっかり押さえておきましょう。

（1）催眠誘導に対する Cl の反応は，Cl の意図的努力によって起こっているのではない。つまり，意図的努力は変化を起こさせない。

（2）Cl が問題や症状に対してどのように変化を求めているか，どのように良くなろうとしているかの目標を，事前面接での Cl の「語り」や「語られない言葉」から発せられる非言語的表現から推測し，それを催眠誘導過程に反映させる。

（3）催眠療法は解決志向・未来志向であることを知り，それゆえに，催眠誘導過程においても肯定的暗示を使うことを原則とする。さらに，Cl にとって有効な暗示は繰り返し使う。

（4）催眠誘導暗示に対する Cl の反応は，Cl － Th 間の重要なコミュニケーシ

ョン・ツールなので，暗示に対する反応を急がせない。そして，Cl のどのような反応に対しても批判，非難は絶対しない。Cl の反応が頷き（肯定的表現）として返ってくるような暗示を使う。

（5）Cl が肯定的反応を繰り返しつつトランスを深めていく過程を尊重し，トランス確認を行いつつ催眠誘導を進める。

（6）催眠誘導暗示に対する Cl の反応の個別性の尊重と，その個別性に焦点を合わせた催眠誘導が効果的であることを知る。。

（7）後催眠暗示はタイミング良く，かつ，原則的には一つしか与えない。

こうした原則を踏まえたうえで，実際の誘導技法の暗示例を示しながら説明を進めていきます。

2）観念運動を使った催眠誘導暗示例

観念運動を使った催眠誘導は，臨床の初期段階では Cl にとってその体験過程が自身の目で見てわかり，かつ，観察も可能なので非常に有効な誘導技法になります。ただし，何度も繰り返しているように，その誘導が Th からの一方向的なものであったり，意図的努力を強いるものである場合は臨床的には効果的ではないので，その点はしっかりと押さえておくことが重要です。

以下に，「腕下降」と「腕開閉」の観念運動の誘導暗示例を挙げておきましょう。暗示例を読むと気づくと思いますが，ここでの催眠誘導は Cl － Th 間の関係性を重視し，Cl の反応に沿った方法による腕下降暗示・腕開閉暗示になっていることを知っておいて下さい。

〈腕下降の暗示例〉

被験者の手が頭の少し上にいくくらいに片方の腕（どちらの腕が良いかを問いかけたり，観察しながら……）をあげるように教示。そして，その手の方を見るように指示。凝視法と腕下降法とを合わせた方法で行うと観察が行いやすい。

「それじゃ，そのまま，人差し指か中指のどちらでもかまいません，どちらかの指をじーっと見つめてください。実際に見つめていても，目を閉じて自分の指をイメージしていても構いません。じーっと見ているとその指に注意が向いて，その内に少しずつ腕が下へ降りていく感じがしてくるのがわかりますね…〈Cl, 頷き〉…腕のどの辺りから重たく感じてくるのかをよーく感じてみてください…〈Cl の腕・指等の様子を観察。特に，カタレプシーの表れている部分を中心にトランス

確認をしつつペーシングする〉…そのうちに，だんだんと，他の指とかが見えにくくなってきて，腕全体がだんだん重い感じがしてきますよ。ほーら，指先に注意すればするほど腕はどんどん重たーくなってきています…〈Cl，頷き〉…〈Clの反応に応じてトランス確認を行う〉…重たくなってくる感じがわかりますね？……ほーら，だんだん，だんだん重たーくなってきています。重ーくなってくる間，指先に気持ちを向けていて下さい…〈Clの腕が下降してきたら，観察とペーシングを続けながら〉…腕がだんだん重たくなっていくにしたがって，ゆっくりゆっくりと下へ降りてきているのがわかりますね…〈Cl，頷き〉…そうですね……腕が下へ降りるにしたがって深い十分なリラックス状態が得られてきているのをあなたは感じることができています……だんだん，下へ降りてくる，ゆっくりと深ーく静かに降りてきます，そして，下へ完全についてしまうと，とっても気持ちよくてリラックスした感じが十分に感じられてきました…（以下，略）」

（重感，温感，弛緩感が得られたら，催眠誘導過程を先に進める）

〈腕開閉の暗示例〉

　催眠者は被験者の横に座り，被験者を無理のない，ゆったりとした姿勢で座らせる。緊張した様子やこわばった感じがあるときは少し肩の力を抜いてもらいリラックスしてもらう。準備が整ったら，腕を軽く挙げて無理のない姿勢で肩幅ほどに腕を開いてもらう。腕はまっすぐに伸ばしておく必要はない。

　「では，今から腕の開閉の誘導を行います。ちょうど，あなたの手の平と手の平の間くらいの空間をじっと見ていて下さい…〈しばらく腕や手指の運動反応を観察する〉…〈ゆっくりとClの両手が近付いてくる〉…そう。だんだんと両手が真ん中に引かれていくようにくっついていくのがわかりますね？…〈Cl，頷き〉…〈ThはClの反応を確認しつつ〉…どんなふうにくっつくのかな？　と思ってみていると徐々にくっついていく感じがわかります…〈Cl，徐々にくっついていく〉…そう，指の方が先に引っ張られていくのがわかりますね…（以下，略）」

　（Clの両手がくっつくのを観察し，観察の結果で催眠者が感じた感じを丁寧にフィードバックして被験者に伝え返す。十分な観察に基づいたフィードバックを行うことで被験者は頷きが増し，そうした方法でトランス確認を行いながら徐々に腕のくっつく感じを促進させていく。決して無理強いしないで被験者の反応のペースに合わせて誘導を続けていく）…（以下，略）

　以上，観念運動を使った催眠誘導暗示例を挙げたが，Clの反応に沿った誘導暗

示をどのように進めていけば良いかがわかったものと思います。

3）体感のフィードバックを使った誘導暗示例

　先に導入準備の段階で示した体感のフィードバックを用いた自己調整練習は，パッケージ化された方法でしたが，ここで示す方法は Cl の状態の観察を基にして，Cl が集中していく身体部位も頭から順にというのではなく，Cl の状態に沿った形で進めていく形で展開させていきます。その際に必要になってくる Th の条件（"感性"とでも言うのでしょうか……）は，Cl の身体の"気"の流れを観察し，"気"の流れの滞りの無い部位から始めて，段階的に"気"の流れの調整を行っていくという方法になります。この点についての説明は，学術的な説明の難しいところでもあるので，その点でのマニュアルは次回発行の「"松木メソッド"マニュアル Part II」の中で詳細に示していくことにします。

　〈暗示文〉

Th：今から体感のフィードバックを行いながら，リラクセーションを進めていく方法を行っていきます……では，最初に掌に気持ちを集めていってくれますか？…〈Cl，頷き〉…すでに，掌が温かくなっているに気づいていますね？…〈Cl，頷き〉…その温かさに気持ちを集めていると，次第に，手首の辺りから肘の辺りまで，その温かさが伝わってきています…〈Cl，頷き〉…どう？

Cl：……はい，何だか温かいです……それに……。

Th：……それに？……

Cl：……もう，腕全体も温かいです……。

Th：……そうですね。腕全体も温かくなってきているのをあなたは感じられています……その温かさが肘から肩の辺りまで……届いて…〈Cl の様子を見て〉…肩の方に気持ちを向けていくと，何だか首筋から肩にかけて凝った感じが感じられてきていますね？……

Cl：……確かに，肩が詰まった感じで…〈少し肩を動かしている〉…。

Th：……そう，今，あなたがしたように，何だか自然と肩の辺りが動いてきて，肩を楽にさせてくれていますね…〈Cl，頷き〉…。

Cl：……そうですね……自分でそうしようと思ってないのに，自然と……。

Th：……自然と身体が動いてくれたんですね……その感じ，とても大切な感じですね……。

Cl：……はい……そうしようと思ってないのに，自然と肩が……。

Th：……身体がそのようにしてくれたんですね…〈この後，身体全身に自然と楽に感じられている過程を経てリラックスできている〉…（以下，略）

　以上，Cl の反応を確認しつつ催眠誘導をする方法を具体的に示しました。こうした誘導が効果的になるためには，Th の的確な「観察とペーシング」が必須となります。この点については，本書，第 4 章の「観察とペーシング」のコツとして，「"動的モデル" 感覚を身に付ける」，「キャリブレーション─Cl との共体験感覚」，「リフレクション─催眠誘導過程での Cl － Th 間の相互作用への注目」，「語られない言葉への注目─観察できない現在進行中の Cl の体験への共感」，「フラクタル─Cl の体験を多重的・多層的な表現として受け止める」，「アフォーダンス─Cl のリソースを引き出すための観察とペーシング」として，かなり細かく示していますので，是非，参照しておいて下さい。

V　催眠深化段階

1）催眠深化段階で Th が注意すべきこと

　次に，深化段階での注意点について示していきたいと思いますが，深化技法においての暗示の使い方の注意点は，基本的には催眠誘導技法での注意点とほぼ同じですので，改めてここに記すことも控えます。古典的・伝統的な催眠療法では，催眠深化状態が臨床的に必要だと考えられていました。ところが，そうしたことには実際は科学的な根拠がないことが現在示されつつあります。なので，そのことを十分に踏まえた上で，催眠深化の技法についても考えることが必要です。したがって，Th が意図して無理に催眠深化状態を作る必要は臨床的にはないということを知って活用するのが良いと思います。それ以上に催眠療法の治癒機制で重要なのは，催眠療法における Cl － Th 間のコミュニケーション的側面であることを肝に銘じておくことが大切です。筆者の催眠臨床経験では，催眠状態の深さが必要かどうかは Cl 自身の判断（催眠状態下での判断）に依っていることも興味深い事実として感じているところです。

〈催眠深化段階での注意点〉

（1）催眠の深さと臨床効果とは比例しているとは限らない。

（2）Cl の無意識的なニーズによって深い催眠状態が自発的に起こる場合（例えば，解離性障害事例など）では，催眠状態を深める Cl と Th との関係性を

しっかり保っておく必要があります。時には、「催眠状態の一人歩き」（松木、2017）が生じて医原性の症状（例えば新たな解離性人格の発生など）を誘発する可能性がある。

（3）Th の意図的な催眠深化によってもたらされた神秘的体験による気づきは、時には、「偽りの記憶」（例えば、前世体験など）を生じさせることがある。

2）種々の深化技法と臨床適用

　以下に、いくつかの深化技法を挙げておきますが、こうした方法はもっぱら古典的・伝統的な考えで使われていたことが多いことを知っておいて下さい。ただし、筆者が時折、臨床場面で遭遇する Cl の自発的催眠深化において生じる状態は、階段降下、海底降下の体験として Cl から表現されることが多いので、臨床的に何らかの意味を持っているように思いますが、残念ながら客観的な根拠はありません。しかし、過去の記憶再生が必要とされる事例において、この2つの深化技法を使うことで効果が見られたこともありますので、その暗示例は示しておきたいと思います。

〈催眠深化技法例〉

（1）「催眠状態がどんどん深くなっていく」という直接暗示を使って深める深化技法。ただし、この方法を使う際は Cl との信頼関係がないと暗示効果は得られない。

（2）Cl の催眠が深まる際の体験として良く表現するのが「階段降下」、「海底降下」のイメージ体験である。「階段降下」の深化技法は各階段のステップに扉があって、そこの扉を開くと新たな気づきが得られるなどの臨床技法にも応用できる。また、「海底降下」のイメージでは、Cl の深層体験とも推測できるような体験が得られることがあり、自己治癒に貢献することがある。

（3）体の横揺れ、揺さぶり法では、身体の揺れに応じた Cl の反応に沿って深化暗示を与えると催眠状態が深まり、自発的な催眠深化状態を導き出すこともある。

〈階段降下法の暗示例〉

　催眠誘導技法によって催眠状態が得られた後に、以下のような深化誘導暗示を与える。

　「それでは、これから今の催眠状態をさらに深めて、よりいっそう気持ちが楽になるようにしたいと思います……いいですか？……もし、深まることに嫌な感

じがしたり不快なからだの感じがする場合は必ず言って下さい……それは，これ以上，深めない方が良いという身体からのサインですので……それに気づくことも大切なことです…〈Cl，頷き〉…では，目の前に，10段の階段があるのを想像してみて下さい……はっきりと想像できなくても，何となく漠然と思い浮かべている程度でも構いません……どうですか？……階段のところまでやってきましたか？…〈Cl，頷き〉…では，今から私がゆっくりと10数えます。10から1まで逆に数えていきます……それに合わせて，あなたは，階段を一段ずつゆっくりと降りてみて下さい…〈Clの様子を確認しつつ〉…10，9,8……少しずつ降りてきました…〈Clの様子を確認しつつ〉…7,6,5……もし，階段を降りたところで何か気づくことがあったり，何かイメージされてきたりしたら教えて下さい…〈Clの様子を確認しつつ，階段を続けて降りていく〉…（以下，略）」

このような要領で階段を降りていくイメージを使って催眠深化を促進させる。もし，途中で何かをClが表現したら，その場面で臨床適用段階のステップに展開させていくことになります。

VI　臨床適用段階

まず，これまで古典的・伝統的な催眠療法や現代催眠で主に使われてきた臨床適用技法について紹介しておきます。

1）臨床適用技法

これまで古典的・伝統的な催眠療法で用いられていた臨床適用技法，および，現代催眠で臨床適用が有効とされた技法について幾つかを列挙しておきます。詳細な説明については，「現代催眠原論」（高石・大谷，2012）やオックスフォードのハンドブック（Nash & Barnier, 2008）を参照下さい。

（1）直接症状除去（高石の適用基準（2012）参照）
（2）自我強化法（Hartland の自我強化法，イメージ利用による方法 etc.）
（3）催眠現象利用法（腕浮揚の利用，カタレプシーの利用 etc.）
（4）ストラテジー療法（利用法，リフレーミング，ちりばめ技法 etc.）
（5）催眠情動調整法（シャボン玉テクニック，握りこぶし弛緩テクニック etc.）

2）"松木メソッド"で使う臨床適用技法の実際と暗示例

"松木メソッド"における臨床適用段階での要点については，本書においても，先の拙編著（松木，2017）においても，かなり詳細に書いているので，そちらを参照して頂くのが良いかと思いますが，一応，このマニュアルにも重要な点に絞って説明することにします。ただ，多くの点で本書や拙編著と重なり部分が多いので，その点は了解下さい。

"松木メソッド"において，催眠を臨床適用する際の基本的な考え方はすでに何度も述べているように，「"治療の場"としてのトランス空間をいかにして臨床的に効果性の高い空間として構築するか」という点と「催眠現象（催眠誘導に対するClの反応）をいかにして臨床的に効果の高いコミュニケーション・ツールとして利用できるか」という2点に集約されていると言っても過言ではありません。それは，Cl－Th間の共感的な関係性と双方向的な相互作用にあり，また，それを支えるThの受容的・共感的態度とClの個別性・独自性の尊重という臨床姿勢がポイントです。したがって，"松木メソッド"における臨床適用は，臨床適用段階だけにあるだけでなく，導入段階からすでに臨床的介入を行い，催眠誘導過程すべてにおいての臨床的介入が催眠療法の治癒機制に深く関わっているというのが私の基本的な考え方なので，まずは，その点をしっかりと押さえておくことが重要です。

さらに，2点目のClに起こる催眠現象をCl－Th間の重要なコミュニケーション・ツールとして受け止めて，「催眠トランス空間」の中で主張されるClの反応に思いを馳せたうえで臨床適用暗示を構成することも重要なポイントです。その点を踏まえたうえで，以下に示す臨床適用技法を使うようにして下さい。この点の具体例は，本書の第3章「Cl－Th間の重要なコミュニケーション・ツールとしての催眠現象」の中で慢性疼痛患者の治療においてカタレプシーを利用した鎮痛の具体的な事例として紹介し，その中で具体的なアプローチについて書いているので，参照して下さい。

とは言え，臨床適用技法の具体的な過程を示した実際例もこのマニュアルで見ることにも意義があるとも思われるので，拙編著（松木，2017）で紹介していた社交不安障害に起因する吃音様症状で悩んでいた事例での具体的やり取りを以下に紹介します。

〈"松木メソッド"での臨床適用技法例〉

主訴が社交不安性障害に伴う吃音様症状の30歳代男性の事例での「腕下降」暗示に対する反応に対して臨床的介入を行いながら，心理社会的要因には直接触れ

ることなく症状の軽減を図っていった事例での初期段階での臨床適用の様子を紹介することにする。なお，この事例については拙編著（2017）でも詳細に述べている。「腕下降」暗示に対する反応が症状の背景にある心理社会的要因と密接に関連していた事例である。

　〈暗示例〉

　軽いトランス下で，「腕下降」暗示に対して右腕のカタレプシーを起こしているClに向かってThは，

　Th：今，腕が震えながらも少し降りては引っかかって止まり，また動いて，降りながらも引っかかって止まるという動きをしているのは感じられるよね？

　Cl：…（軽く頷きながら）…はい……。

　Th：じゃあ，その止まったり降りたりする腕の感じに少し気持ちを向けてくれるかな？

　Cl：…（軽く頷きながら）…はい…。

　Th：どう？　どんな感じ？

　Cl：うーん……何ていうか…〈少しの間〉…いやな感じ……。

　Th：……止まったり降りたりが？……。

　Cl：……はい…（腕はカタレプシーを起こしたまま，小刻みに震え同じ動作を続けている）…（そのうちに，深呼吸し始めて）ちょっと息が……。

　Th：……息がしにくい感じ？

　Cl：はい。……この感じ……。

　Th：……どんな感じ？

　Cl：…〈少しの間〉…うーん……何だか喉が引っかかる感じと似ているような……引っかかり…〈少しの間〉…また，少し楽に……（呼吸が少し落ち着きつつある）……。

　Th：そう……腕の降りにくい感じと息がしにくくなる感じが似ているような？……息がしにくくなったり，また楽になったり……？

　Cl：はい。そんな感じです…〈少しの間〉…ああ，腕が少し楽なような…（と，答えつつ腕の方は徐々に降りつつある。それに応じるように，Clはゆっくりと息を吸い呼吸がさらに楽になりだしている）…。

　Th：今，腕はどう？

　Cl：はい。少し楽になって動き出しました。

　Th：腕が楽に降り出す感じはうまくつかめているようですね？

附録　松木メソッド・マニュアル Part 1

Cl：はい。少し楽になって引っかからなくなってきたというか……変な感じです。

Th：腕が引っかからずに下に降り始めると，気持ちも楽な感じ？

Cl：そうですね……。

Th：じゃあ，もう，この腕がゆっくりと楽に降りる感じも自分でうまくつかめたのをよーく味わってみて下さい……。

Cl：はい……そうですね……楽な感じ…（と，言いつつ腕は自然に膝まで降りて，そのまま閉眼。深いトランス体験）…。

Th：そう，そのまま目を閉じて楽ーにしましょう。今，味わった，少し変だけど，楽になった感じ，楽にすることができた感じ……自分の体が自然にしてくれた感じ……そんなことを感じながら，ゆっくりと楽に呼吸しながら，少しずつ深ーい，リラックスした感じを味わっていきましょう……。

Cl：…（Cl はゆったりとした感じでトランスを楽しんでいる）…。

Th：今，とても楽な感じを味わっています…腕の力が程よく抜けてゆっくりと楽に降りてきた感じも……十分に味わってみて下さい……。

Cl：…（無言で頷きながらトランスを楽しんでいる）…。

Th：……今日，あなたは自分にとって，とっても大切なことに気づくことができました。この感じは自分でした感じがしないくらい自然にできたことです……でも，あなたの体がしっかりと覚えてくれているのでいつでもどこでも思い出すことはできます。普段，忘れていても，何か必要な場面では不思議と思い出すことができます…〈間〉…じゃあ，そのまま，楽な感じを十分に味わってみて下さい。もう，十分味わえて良いなと思ったら合図をして下さい。…（以下，略）

　この事例では，「腕下降」暗示に対する Cl の反応は，右斜め上に挙げた腕が最初なかなか降りて来ず，その内にカタレプシーを起こし始めて軽く震えながら，"少し降りては引っかかって止まり"，一呼吸置いて動き始めて，再び，"少し降りては引っかかっては止まる"，という反応を繰り返していたのです。催眠誘導中のこの反応を丁寧に観察すると，右腕のカタレプシーを起こしている際には同時に喉の辺りにもカタレプシーが現れており，呼吸に合わせて 2 つの反応が連動して動くという現象が見られ，そのため，上記の逐語で示したような形での介入になったのですが，この事例で重要なことは，「腕がスムースに降りない」というカタレ

プシー現象から連想できる意味性は，例えば，リラックスすること（力を抜くこと）への葛藤，（怒りによって上げた）腕を降ろすことへの葛藤，（仕事の能力が落ちるという意味での）腕が落ちる（降りる）ことへの葛藤（周囲の期待に応えられない）自分自身への葛藤，等なのです。また，同時に現れていた喉の辺りのカタレプシー現象（唾を呑み込む際の引っかかり等によって示されていた）に関しては，息苦しさ，（指示されたことが）うまく通らない，自分から話す（離す・分離）ことへの葛藤，等でした。この反応の意味性を考えると，Cl の職場内でのストレスとそれへの対処行動がうまくいかずにいる Cl が連想され，そこに思いを馳せながら臨床適用暗示を使って行ったのです。こうした臨床適用暗示の使い方が "松木メソッド" の重要なポイントになっていると考えられます。こうした技法は，「観察できる現在進行中の Cl の体験を描写する（Yes Set）」ことをしながらも，一方で，「観察できない現在進行中の Cl の体験も合わせて描写する」という方法で実施されており，そのためには，催眠療法の基礎の基礎とも言える「観察とペーシングに基づく暗示の使い方」が重要なのだということも前掲書にて解説しているので是非，参照して下さい。

Ⅶ　覚醒段階

　覚醒段階での覚醒暗示方法は，催眠理論の立場によって多少異なるが，筆者の場合は，5回深呼吸をして覚醒させる方法をもっぱら使っています。古典的・伝統的な催眠療法を行っていた頃の名残もあってそのようにしていますが，実際の臨床場面では，「もう，十分に味わえたと思ったら，ご自分のペースでこちらに戻ってきて下さい」の声かけで十分に覚醒されることが多いので，必ずしも呼吸に合わせてとか合図を送って覚醒させるとかの手続きをとる必要はないように思います。Cl － Th 間の関係性が共感的ならば，なおさら，そのように思います。とは言え，念のため，以下に覚醒段階での注意点だけは書いておきます。

〈覚醒段階での注意点〉
（1）覚醒の手続きはしっかりと明確に行い，残遺症状を残さないようにする。
（2）解催眠困難の場合，残遺症状や不快感を伴って覚醒した場合には，必ず，再度，軽いトランスへ誘導し覚醒の手続きを改めて行なうとしっかりとした覚醒が得られる。

Ⅷ　最後に

　以上，催眠療法における誘導手続き，特に，"松木メソッド"による催眠療法の手引を紹介しました。古典的・伝統的な催眠療法における誘導技法と現代催眠，"松木メソッド"による誘導技法には共通点と相違点とがあります。筆者自身は，持論に固執しないで必要に応じて Cl のニーズに応える形で古典的・伝統的な手法を使う場合もあります。臨床で催眠を適用する際も，通常の心理療法や医療と同じで Cl のニーズが最優先することを，このマニュアルのまとめとして加えることでまとめとしたいと思います。読者の皆さんが催眠の魅力を再認識されて臨床で積極的に活用されることを願っています。

文　　献

河野良和（1979）誰も知らなかった心身爽快法―1日10分で奇跡の効果．河野式 AT 初公開．実日新書．

松木繁編著（2017）催眠トランス空間論と心理療法―セラピストの職人技を学ぶ．遠見書房．

成瀬悟策（1958）．催眠．誠信書房．

成瀬悟策（1968）催眠面接法．誠信書房．

成瀬悟策（1992）催眠療法を考える．誠信書房．

Nash, M. & Barnier, A. J.(2008)The Oxford Handbook of Hypnosis ― Theory, Research and Practice. Oxford University Press.

齋藤捻正（1987）催眠法の実際．創元社．

高石昇・大谷彰（2012）現代催眠原論．金剛出版．

Yapko, M. D.（2012）An Introduction to the Practice of Clinical Hypnosis, 4th Edition. Routledge.

おわりに

　『無意識に届くコミュニケーション・ツールを使う——催眠とイメージの心理臨床』というタイトルでの本書を何とか書き上げることができた。今，書き終えて息を大きく吸い込み，しばらく間を空けて，それから静かにふーっと息を吐いたところである。良かったと思う。

　私が長年，心理臨床の中で取り組んできた催眠療法とイメージ療法に対する率直な思い，特に，催眠とイメージが果たす，Cl との "無意識" とのコミュニケーション・ツール機能に焦点を絞って，できる限り読者にわかりやすいように書き進めたつもりである。

　私にとって大きな学びを与えてくれた代表的な事例を提供しながら論を展開したのだが，その中では，私独自の心理臨床への工夫や配慮が垣間見られたのではないかと思う。それを通して，私自身の臨床観，人間観，人生観の一端もうまく読者に伝えることができたように思っている。今は，その学びを私に与えてくれたクライエントに感謝の気持ちを伝えたい。事例の中で示した工夫や配慮は，事前に，客観的に論理的に構築されたものではなく，治療の "場" の中で Cl とやり取りする中でともに作り上げられたものなのである。特に，Cl が明確な言葉では表現できない感情や思いが催眠（状態）やイメージ（体験）の中では象徴的に示されて，コミュニケーション・ツールとしての機能を果たすことで工夫や配慮も産み出されたと考えている。

　河合隼雄先生の言葉であっただろうか，心理臨床とは，「クライエントと人生の道行きをともにすること」という先生の含蓄のある言葉が，最近，少しはわかってきたように思う。ここで提供させてもらった事例だけでなく，本当にいろいろな人達と心理臨床を通して人生をともに歩み，中には自身の家族よりも深く長く人生をともにしているクライエントもいる。そうした Cl との繋がりは，コミュニケーション・ツールとしての催眠（状態）やイメージ（体験）に支えられていた。

　「催眠は嘘つかない」と研修ではいつも冗談っぽく言うのだが，本当にそうだと思う。催眠トランスの中では Cl 自身ですら普段意識していない感情や思いだけでなく，対処行動までもが示されるし，イメージ療法では Cl の意識とは関係なくイメージが自律的に動き出すこともある。こうした体験を Cl − Th 間の共感的な関

係性の中で Cl とともに行うことそのものが臨床的なのである。そんなところが本書ではしっかりと示せたように思うので，是非，臨床実践で催眠やイメージを使ってみて欲しい。

私の実践してきた催眠療法について，幾人かの臨床仲間達が，「関係性重視の催眠」（八巻，2008），「トランス空間論」（笠井，2012）等と称してその特徴を示してくれてきたし，中には，「ジャパンオリジナル」「愛の催眠」（中島，2010）とまで言ってくれる臨床家もいた。私は，「無意識に届くコミュニケーション・ツール」を通して Cl との協働作業を行っているだけなので，こうした評価を与えてもらうことにも気恥ずかしくて，それらの言葉をまともには受け取れないのだが，少し距離をとって自分の心理臨床スタイルを振り返ってみると，確かに私の心理臨床スタイルはそうした表現に見合うもののようだとも思ってしまう。催眠トランス空間という "場" を丁寧に作り，その中で展開される Cl ― Th 間の関係性を重視し，日本語表現に示される日本人の特性を大切にしている姿勢は確かに人間愛に満ちているのかもしれない。私は心理臨床が好きだという前にきっと人間そのものが好きで，その可能性を限りなく信じているのだと思う。

そうした私の臨床観をコラム風に書いた文章を，以前に，100万部を超えるベストセラーとなった『こころの日曜日』（菅野，1994）に上梓しているので，それを最後に挙げて心を少し軽くしてから最後の謝辞を書き，本稿を閉じることにしたい。

上手な『悩み方』――ぼちぼちいこか

人間，いったん悩みを抱えてしまうと，その悩みから早く解放されよう，早くよくなろうと思い過ぎて，そのよくなり方が分からなくなってしまうものです。いろいろな方法で気分転換をして忘れる努力をしてみたり，やけになって居直ってみたり，自分の気持ちを鼓舞させるために自分自身を叱咤激励してみたり，などなど悪戦苦闘してしまいます。しかし，そうした悪戦苦闘の割にはもう一つ効果的な解決策が得られず，悪循環を繰り返してしまうことが多いものです。

激務の中で心身症を起こして入院していた，ある一流企業の部長さんが病院を抜け出して相談にこられました。心身症に関する医学，心理学の本を小脇に抱えた彼いわく「私は治すためにいろいろな本を読みました。また，自己鍛練法と思って毎日，ヨーガ，自律訓練法もやりました。揚げ句には気分転換にと

友人にすすめられて，生まれて初めてパチンコもやりました。でもいっこうに
よくなりません」と言うのです。「パチンコでは勝ちましたか？」と私が尋ねる
と，首を横に振り「勝つことが目的ではなくて治すことが目的なのです」と答
える始末です。

　早くよくなろうとする彼の気持ちは痛いほどよくわかります。でも，皮肉な
ことに彼のようながんばり過ぎる努力の仕方（『悩み方』）では，たとえその努
力の方法が正しくとも報われないものです。彼のこうしたやり方（『体験の仕
方』）はきっと仕事でも家庭でも，さらには遊びででも同じだったのでしょう。
そして，彼が心身症を起こさざるを得なかった最も大きな原因はこんなところ
にあったのですね。

　こんな彼に向かって私はこう言います。「パチンコは勝つためにやってくださ
い。ただし，長時間やってても疲れないように，座り方を工夫してぼちぼちや
ってください」と。

　これは決して悪ふざけで言ってるのではありません。彼のこれまでの頑張り
過ぎる努力の仕方（『悩み方』）を，もっと上手な努力の仕方（『悩み方』）へと
変えるための逆説的なアプローチなのです。彼ががんばり過ぎない努力の仕方
（『悩み方』）を体験し，余裕を持って事に当たることができるようになると，そ
の努力も功を奏し始めることでしょう。

　人間，生きている限り悩みはつきものです。悩みを抱えたとき，大切なこと
は，悩みを早く完璧に消し去ろうとするのではなく，より上手な『悩み方』の
工夫を考えることなのです。上手な『悩み方』ができるようになると，不思議
悩みは自然に解決されていくものです。

以上，『悩み方』の解決というアプローチを紹介したコラムを入れて，心を少し
だけ軽く穏やかにする“コツ”を書いてみた。このコラムを書いた当時は，こう
したアプローチは伝統的な心理療法の枠組みでは，真剣に問題と向き合う姿勢が
感じられないとして，なかなか受け止められなかったのだが，果たして今はどう
受け止められるのだろうか。

定年退職という人生の大きな区切りが後押ししてくれて，先の『催眠トランス
空間論と心理療法──セラピストの職人技を学ぶ』に続いて，この数カ月で２冊
の本を世に出すことができた。今回は，これまで自分の書き溜めてきた論文を中

心に，これまでの人生を振り返るようにして，自身の臨床観，人生観，人間観を
まとめ直すことができたと思う。良い機会を与えてもらった遠見書房代表の山内
俊介氏に心よりお礼を言いたい。突貫工事のような編集作業に2度もつき合わせ
てしまったのは申し訳なかったが，本当に感謝の気持ちでいっぱいである。

　思えば，恩師，安本和行先生との出会いがなければ，私は心理臨床の世界には
入っていなかったであろう。しかしながら，今も，飽きることなく，こうして心
理臨床のことばかりを考えて日々の暮らしを続けているところを見ると，自分は
本当に心理臨床が，否，人間そのものが好きなのだと改めて思う。この道に導い
てくれた故 安本和行先生に本当に感謝したい。

　また，私の臨床を陰ながら支えてくれた家族，特に，妻であり学兄でもある松
木康子先生に深い感謝の意を示して稿を閉じることにしたい。

平成29年12月24日

　　　　　　　　桜島小みかんを食べながらイブを迎えた研究室にて

　　　　　　　　　　　　　　　　　　　松木　繁

文　　　献

笠井仁（2011）東京催眠研究会（東京工業大学イノベーションセンター会場）にて
　　のディスカションから．
中島央（2012）巻頭言―臨床催眠おけるオリジナリティについて．臨床催眠学, 11(1);
　　1.
菅野泰蔵編（1994）こころの日曜日―45人のカウンセラーが語る心と気持ちのほぐ
　　し方．法研．
八巻秀（2000）催眠療法を間主体的現象として考える―事例を通しての検討．催眠
　　学研究，45(2); 1-7.

さくいん

あ行

アフォーダンス 50, 118

暗示 4, 14, 17, 19, 25, 27-30, 32, 33,
　　37-40, 44, 45, 47, 49, 51, 62, 81,
　　103-106, 109-124

　臨床適用— 25, 29, 30, 33, 39, 49,
　　103, 104, 121, 124

EBM 4, 5, 33, 101, 102

EMDR 17, 25

意識状態 26, 114

イメージ療法 4, 5, 26, 52-56, 62, 63,
　　78, 80, 82, 127

運動反応 14, 28, 116

NLP 48

エリクソン 19, 23, 26, 43, 46-49, 51,
　　77, 80

エリクソン催眠 19

か行

解離 19, 118, 119

家族療法 77, 80

カタレプシー 4, 15, 28, 30-40, 106,
　　107, 115, 120-124

観察 4, 22, 23, 30, 36, 39, 40, 44, 45,
　　46, 47, 48, 49, 50, 51, 57, 63, 73,
　　104, 105, 110, 115, 116, 117, 118,
　　123, 124

神田橋 4, 5, 33, 43, 49, 51, 57, 62, 82,
　　97

吃音 39, 40, 42, 70, 121

キャリブレーション 47, 118

共感的態度 29, 121

共有空間 12, 45, 56, 58, 82, 102, 103,
　　107, 114

行動療法 52, 76, 77, 79, 80

壺中の天地 60

古典的・伝統的な（技法）27, 101, 103,
　　113, 114, 118-120, 124, 125

さ行

催眠トランス空間論 4, 5, 25, 43, 45,
　　51, 56, 102, 103, 107, 125, 129

催眠誘導 4, 13, 14, 15, 18, 19, 22, 23,
　　27-29, 31-36, 38-40, 42, 44-51,
　　62, 103-109, 113-116, 118, 119,
　　121, 123

社交不安障害 3, 121

情動調律 23

情動反応 28, 48

自律訓練法 30, 31, 34, 109, 128

神経症 25, 76, 91, 93

心的外傷 11, 13, 17, 24

心的構え 14, 15, 19, 54, 74

喘息 57

た行

体験様式 13, 19, 22, 25, 52, 54-56, 58,
　　77, 78, 80

治癒機制 11, 12, 18, 22-24, 82, 118,
　　121

壺イメージ療法 26, 52, 53-56, 62, 78,
　　80

抵抗 26, 57, 95, 109

動作法 25

トラウマ 11, 25

は行

パッケージ化 5, 29, 33, 101, 104, 111,

113, 117
パラダイム　5, 33, 34
バリデーション・ワーク　47
被催眠体験　20, 21, 27
フォーカシング　48, 62, 78, 80
ペーシング　44-51, 63, 116, 118, 124
変性意識　26, 114
ホリスティック　103
メンタルリハーサル法　81

や行〜
夜尿症　65, 70, 75, 81
リフレクション　48, 118
リラクセーション　26, 28, 31, 34-36,
　　38, 48, 66, 68, 81, 104, 107,
　　111-113, 117
臨床適用暗示　25, 29, 30, 33, 39, 49,
　　103, 104, 121, 124

松木　繁（まつき・しげる）

1952 年，熊本県生まれ京都育ち。

鹿児島大学大学院臨床心理学研究科臨床心理学専攻教授，臨床心理士。

鹿児島県教育委員会スクールカウンセラー，国立病院機構鹿児島医療センター嘱託心理士（診療援助），（仁木会）ニキハーティホスピタルスーパーバイザー（熊本市），鹿児島少年鑑別所視察委員会委員，鹿児島県発達障害者支援体制整備検討委員会委員，京都市教育委員会・地域女性会主催「温もりの電話相談」スーパーバイザー（京都市），松木心理学研究所顧問（京都市），日本臨床催眠学会認定臨床催眠指導者資格，日本催眠医学心理学会認定指導催眠士。

1976 年，立命館大学産業社会学部卒業。同年より安本音楽学園臨床心理研究所専任カウンセラー。1996 年に松木心理学研究所を開設，所長。同年より，京都市教育委員会スクールカウンセラー。立命館大学非常勤講師。2006 年より鹿児島大学人文社会科学研究科臨床心理学専攻教授を経て，2007 年より現職。

日本臨床催眠学会理事長，日本催眠医学心理学会常任理事，日本ストレスマネジメント学会理事。

主な著書に，「催眠トランス空間論と心理療法─セラピストの職人技を学ぶ」（編著，遠見書房，2017），「教師とスクールカウンセラーでつくるストレスマネジメント教育」（共編著，あいり出版，2004），「親子で楽しむストレスマネジメント─子育て支援の新しい工夫」（編著，あいり出版，2008），「催眠療法における工夫─"治療の場"としてのトランス空間を生かす工夫」（乾吉佑・宮田敬一編『心理療法がうまくいくための工夫』金剛出版，2009），「治療の場としてのトランス空間とコミュニケーションツールとしての催眠現象」（衣斐哲臣編『心理臨床を見直す"介在"療法─対人援助の新しい視点』明石書店，2012）ほか

無意識に届くコミュニケーション・ツールを使う
催眠とイメージの心理臨床

2018年2月17日　初版発行

著　者　松木　繁
発行人　山内俊介
発行所　遠見書房

〒181-0002 東京都三鷹市牟礼6-24-12
三鷹ナショナルコート004
TEL 050-3735-8185　FAX 050-3488-3894
tomi@tomishobo.com　http://tomishobo.com
郵便振替　00120-4-585728

印刷　太平印刷社・製本　井上製本所
ISBN978-4-86616-046-7　C3011
©Matsuki Shigeru　2018
Printed in Japan

遠見書房

※心と社会の学術出版　遠見書房の本※

＝トランスを活用する＝
催眠トランス空間論と心理療法
セラピストの職人技を学ぶ

松木　繁 編著

ISBN978-4-86616-038-2　C3011　本体（3,200円＋税）

多くのセラピーがマニュアルやガイドラインに沿って行われる中，微妙なクライエントの反応を感受し，治癒につなげる職人芸がある。本書には，催眠療法とその関連領域でプロフェッショナル中のプロフェッショナルとして活躍をする10人のセラピストに，その真髄を思う存分に描いてもらった。本書は，本物のプロフェッショナルを目指す臨床家に読んでもらいたい1冊。

その場で関わる心理臨床
多面的体験支援アプローチ

田嶌誠一著

密室から脱し，コミュニティやネットワークづくり，そして，「その場」での心理的支援，それを支えるシステムの形成をつくること——田嶌流多面的体験支援アプローチの極意。3,800円，A5並

緊急支援のためのBASIC Phアプローチ
レジリエンスを引き出す6つの対処チャンネル

M・ラハド，M・シャシャム，O・アヤロン著
佐野信也・立花正一 監訳

人は6つの対処チャンネル；B（信念），A（感情），S（社会），I（想像），C（認知），Ph（身体）を持ち，立ち直る。イスラエル発の最新援助論。3,600円，A5並

森俊夫ブリーフセラピー文庫③
セラピストになるには
何も教えないことが教えていること

森　俊夫ら著

「最近，1回で治るケースが増えてきた」——東豊，白木孝二，中島央，津川秀夫らとの心理療法をめぐる対話。最後の森ゼミも収録。2,600円，四六並

武術家，身・心・霊を行ず
ユング心理学からみた極限体験・殺傷の中の救済

老松克博著

武術家として高名な老師範から，数十年にわたる修行の過程を克明に綴った記録を託された深層心理学者。その神秘の行体験をどう読み解き，そこに何を見るのか。1,800円，四六並

N：ナラティヴとケア
人と人とのかかわりと臨床・研究を考える雑誌。第9号：ビジュアル・ナラティヴ（やまだようこ編）新しい臨床知を手に入れる。年1刊行，1,800円

子どもの心と学校臨床
SC，教員，養護教諭らのための専門誌。第18号 学校のアセスメント大入門（伊藤亜矢子編）。速攻利用可能な知見満載。年2（2，8月）刊行，1,400円

価格は税別です